**책으로 만드는 상상의 숲
계림북스**

1970년 세상에 처음 문을 두드렸습니다.
계림문고의 책을 읽고 자란 아이가 부모가 되고
그 부모의 자녀들이 계림북스의 책을 읽습니다.
즐겁고 유쾌한 상상이 가득한 책
두고두고 마음에 남을 생명력 있는 책
읽고 또 읽고 싶은 이야기가 담긴 책
계림북스가 만들고 싶은 책입니다.

계림북스 홈페이지 www.kyelimbook.com
계림북스 카페 cafe.naver.com/kyelimbook

초능력보다 코딩

초판 1쇄 발행 2016년 11월 30일
초판 3쇄 발행 2017년 10월 27일

글 · 콘텐츠 양나리 · 임동준 | 그림 이부용

발행인 오형석
편집인 김유진 | **편집책임** 이정화
디자인책임 이희승 | **디자인진행** 하라컴퍼니
홍보 송희림 | **전자책** 이재영
발행처 (주)계림북스
신고번호 제2012-000204호 | **등록일자** 2000년 5월 22일
주소 서울시 마포구 창전로 74 여촌빌딩 3층
대표전화 (02)7079-900 | **팩스** (02)7079-956
도서문의 (02)7079-913
홈페이지 www.kyelimbook.com

ⓒ양나리, 임동준 2016
• 이 책에 실린 글과 그림, 사진의 무단 전재나 복제를 금합니다.

이 도서의 국립중앙도서관 출판예정도서목록(CIP)은 서지정보유통지원시스템 홈페이지(http://seoji.nl.go.kr)와
국가자료공동목록시스템(http://www.nl.go.kr/kolisnet)에서 이용하실 수 있습니다.
(CIP제어번호: CIP2016020483)

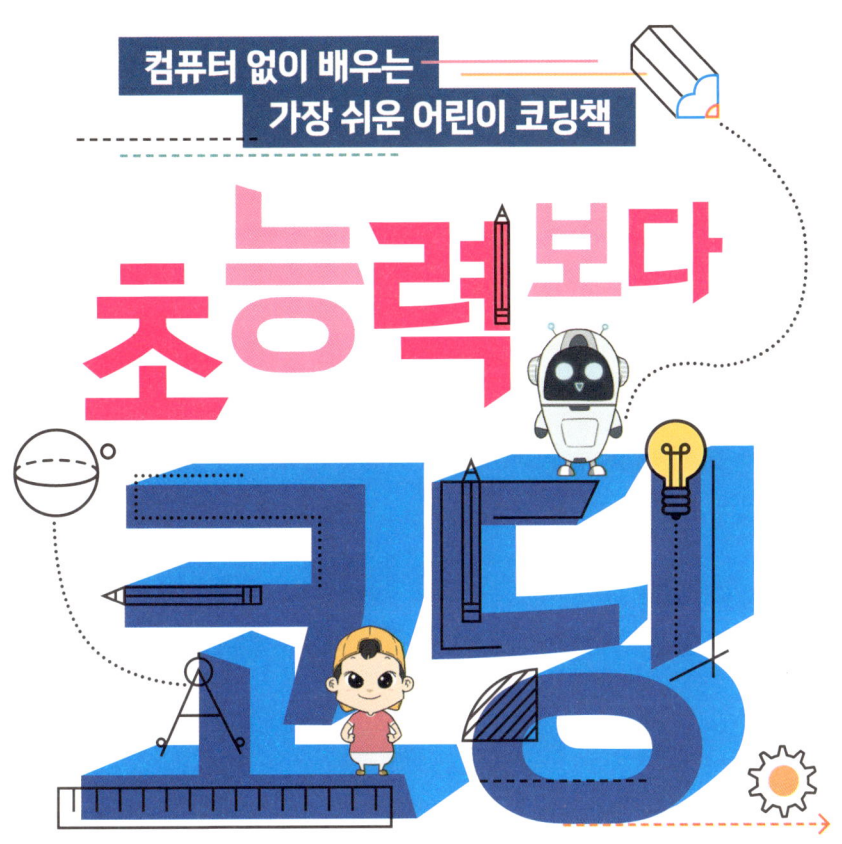

글·콘텐츠 양나리·임동준 | 그림 이부용

계림북스
kyelimbooks

어린이들에게

컴퓨터와 친해지는 가장 좋은 방법

책 소개 보기

요즘 이런 뉴스 본 적 있나요?

페이스북, 드론 띄워 '아프리카에도 인터넷을'
무인 자동차 시대, 15년 뒤 온다.
초등생 절반 "인공지능 선생님 괜찮아요."

이런 놀라운 변화들을 일으키는 데 소프트웨어가 큰 힘을 발휘하고 있어요. 소프트웨어란 쉽게 말해 우리가 스마트폰에서 사용하는 애플리케이션이나 데스크톱에서 사용하는 프로그램 같은 거예요. 우리는 이런 소프트웨어로 재미있는 게임을 하고, 음악도 듣고, 학교 숙제도 하지요. 너무 익숙해져서 소프트웨어가 없는 일상을 상상하기도 어려울 정도예요. 그런데 이런 소프트웨어는 과연 누가 만드는 걸까요?

바로 여러분처럼 호기심을 가지고, 그 호기심을 해결할 방법을 상상하는 사람들이 만들어 나가는 거예요.

여러분도 평소 호기심을 가지거나, 상상해 본 것들이 있지 않나요? 그것들을 해결하는 데 소프트웨어가 도움을 줄 수 있어요. 그럼 소프트웨어를 만들려면 어떻게 해야 할까요? 무엇보다 소프트웨어를 만드는 데 꼭 필요한 컴퓨터와 친해져야 합니다.

여러분은 가장 친한 친구와 처음에 어떻게 친해졌나요? 친구의 성격, 취미, 관

　심사 등을 알아가면서 친해지지 않았나요? 마찬가지로 컴퓨터랑 친해지려면 컴퓨터가 어떻게 생각하는지, 어떻게 세상을 보는지를 이해해야 해요. 이 책이 여러분이 컴퓨터란 친구를 더 잘 이해할 수 있게 도와줄 거예요.

　친구들은 모험을 좋아하나요? 여러분은 진이와 함께 지구를 구하기 위해 우주로 모험을 떠나게 될 거예요. 그 과정에서 어떤 때에는 논리적으로 문제를 해결해야 하고, 어떤 때에는 상상력이 필요하기도 하지요. 어쩌면 머리가 지끈지끈할 수도 있어요. 컴퓨터란 낯선 친구를 이해하는 과정이 쉽지만은 않기 때문이에요.

　하지만 실수해도 괜찮고, 시간이 좀 오래 걸려도 괜찮아요. 그럴수록 컴퓨터란 친구와 더욱 친해질 수 있으니까요. 이 과정을 통해 여러분 모두가 책 내용을 넘어 여러분의 머릿속에 담긴 이야기와 풍성한 상상력을 찾아내기를 바라요. 그 과정이 훗날 여러분의 꿈과 상상을 현실로 만들 수 있게 도와줄 거예요. 꿈은 호기심과 상상에서 시작되기 때문이죠.

저자 임동준

교사와 학부모님께

디지털 시대의 제2외국어, 코딩 교육

요즘 초등학생 때부터 '코딩'을 가르쳐 보자는 논의가 활발합니다. 코딩이란 소프트웨어를 만들기 위해 컴퓨터가 이해할 수 있는 언어로 명령하는 것을 말합니다. 미국, 영국 등 세계 여러 나라가 초등학생들에게 코딩을 가르치겠다고 선언하기도 했습니다. 이런 흐름에 맞추어 우리나라는 2018학년도부터 학교에서 본격적으로 '코딩 교육'을 실시할 예정입니다. 그에 따라 대기업과 여러 단체를 중심으로 소프트웨어 수업이 열리고 있지요.

아이들에게 소프트웨어를 가르친다는 것은 아이들을 프로그래머로 키우겠다는 말이 아니라 '컴퓨터과학적 사고(Computational Thinking)'를 가르치자는 말입니다. 컴퓨터과학적 사고란 컴퓨터과학의 원리와 문제 해결 방법을 이용하여 복잡한 문제를 다루는 것이지요. 빠르게 변하고 복잡해지는 미래 사회에서 컴퓨터과학적 사고는 프로그래머나 컴퓨터과학자뿐 아니라 모든 사람이 반드시 갖추어야 할 새로운 역량으로 손꼽힙니다. 컴퓨터과학적 사고를 통해 일상생활에서 요구되는 갖가지 문제들을 해결할 수 있으니까요.

컴퓨터과학적 사고를 키우는 방법은 다양하지만 지금까지는 주로 컴퓨터를 사용하는 프로그래밍 수업이 대부분이었습니다. 하지만 최근 뉴질랜드의 팀 벨(Tim Bell) 교수를 중심으로 컴퓨터 없이 컴퓨터과학의 원리를 배우는 언플러그드 활동이 각광받고 있습니다.

놀이를 통해 이진수 표현, 프로그래밍 언어 기본 원리 등을 재미있게 배우는

것이죠. 언플러그드 활동은 컴퓨터를 비롯한 각종 하드웨어와 소프트웨어가 필요하지 않기 때문에 언제 어디서나 해 볼 수 있지요.

이 책은 로디와 진이가 제2의 지구를 찾아가는 이야기와 함께 '언플러그드 활동', 그러니까 컴퓨터 없이 재미있는 활동을 통해 컴퓨터의 원리와 컴퓨터적 사고를 배울 수 있도록 구성되어 있습니다.

이 책을 통해 코딩에 관심이 있는 교사와 학부모, 학생 들이 본격적인 코딩 교육에 앞서 즐거운 경험을 하기를 바랍니다.

저자 양나리

차례

하나. 로디와의 만남

01 로디를 깨운 진이 _컴퓨터의 정보 표현 : 이진수로 숫자 쓰기 **14**
02 로디의 새 주인 _컴퓨터의 정보 표현 : 이진수로 문자 쓰기 **24**
03 로디의 미소 _컴퓨터의 정보 표현 : 이진수로 그림 그리기 **34**

둘. 우주로 떠나기 위한 준비

04 외계 행성에서 온 신호 _컴퓨터의 논리 연산 : AND·OR 연산하기 **46**
05 리나가 보내고 싶었던 메시지 _컴퓨터의 정보 압축 : 문자 압축하기 **56**
06 답장으로 온 그림 _컴퓨터의 정보 압축 : 그림 압축하기 **68**

셋. 새로운 행성을 향해

07 떠나요, 둘이서 _컴퓨터의 기본 원리 : 순차와 반복 **78**
08 아름다운 은하단 _컴퓨터의 검색 알고리즘 : 선형·해싱 검색 **90**
09 소행성 전투 _컴퓨터의 검색 알고리즘 : 이진 검색 **100**

넷. 웜홀에서의 고난

10 **분해된 우주선 조립**_컴퓨터의 정렬 알고리즘 : 버블·삽입 정렬 **114**

11 **웜홀 궤도 분석**_컴퓨터의 정보 처리 : 정렬망 **124**

12 **화이트홀 출구 연결**_문제 해결 전략 : 효율적인 길 찾기 **132**

다섯. 드디어 Y0828에 도착

13 **최적의 항로**_컴퓨터의 동작 이해 : 유한 상태 기계 **144**

14 **마지막 테스트**_문제 해결 전략 : 그래프 색칠하기 **154**

15 **Y0828로 오는 법**_문제 해결 전략 : 스타이너 트리 **166**

정답 및 부록 175

등장인물

진이

넘치는 호기심 덕분에 숲속의 비밀 연구소를 찾아낸 초등학교 4학년. 모험심이 강하고 책임감이 있고 대범한 성격으로 로디와 함께 지구를 구하는 크나큰 일을 하게 된다.

로디

미완성 우주 탐사 가이드 로봇. 리나와 양 박사가 만들던 로봇으로 진이에 의해 이 년 만에 작동하게 된다. 로봇이긴 하지만 완벽하지 않다.

리나

수학과 과학, 컴퓨터에 재능이 뛰어나 어려서부터 유명한 천재 소녀. 양 박사를 도와 제2의 지구를 찾으려다 실종된다.

양 박사

우주 과학 연구소의 수석 연구원.
전 인류를 책임지고 구하려다 실종된다.
우연히 리나가 찾아내지만 그 뒤에
또 행방불명된다.

푸리든

Y0828행성의 수장.
반은 기계, 반은 인간인 사이보그.
합리적, 논리적인 것을 추구하며
개인보다는 행성 전체의 이익을 중요
하게 여긴다.

찰리

우주 여행가 겸 우주 방랑자, 화가,
시인. 현재 처녀자리 근처 국제 우주
정거장을 자신의 집으로 삼고 살고 있다.

알프레도

찰리와 함께 우주를 여행하는 원숭이.

하나. 로디와의 만남

01 로디를 깨운 진이
_컴퓨터의 정보 표현 : 이진수로 숫자 쓰기

02 로디의 새 주인
_컴퓨터의 정보 표현 : 이진수로 문자 쓰기

03 로디의 미소
_컴퓨터의 정보 표현 : 이진수로 그림 그리기

로디를 때운 진이

"호수 공원 끝까지 가면 여우별 숲 있잖아. 그 숲에 귀신이 나오는 빈집이 있대."

"나도 들었어. 우리 형이 친구들하고 놀러 갔다가 봤대."

"에이, 말도 안 돼! 넌 귀신을 믿냐?"

"진짜야, 전에 놀러 갔던 숲속 연못에서 더 가면 출입 금지 표지판 있잖아. 그 길로 한참 더 가면 빈집이 있다니까."

진이는 일주일에 두 번 가는 대안학교 수업을 마치고 집으로 돌아오는 길에 지나가는 아이들이 하는 말을 들었다.

'여우별 숲에 귀신이 나오는 빈집이 있다고?'

진이는 그럴 리 없다고 생각했지만 저녁내 머릿속에서 아이들의 대화가 떠나질 않았다. 평소 호기심이 많고 겁이 없는 진이는 저녁도 먹는 둥 마는 둥 하고 집을 나왔다. 하지만 발걸음은 로봇 축구 교실이 아니라 어느새 숲으로 향하고 있었다.

"연못 지나서 이쯤에 있다고 한 것 같은데……. 여기다! 사람이 살던 집이 아니라 무슨 실험실 같은데?"

진이는 두터운 철문 틈으로 안을 들여다보았다. 하지만 새까만 어둠뿐이었다. 진이는 조금 떨렸지만 심호흡을 몇 번 하고 철문 틈으로 간신히 몸을 비집고 들어갔다.

손목에 찬 스마트폰 플래시로 구석구석 비춰 보던 진이는 커다란 형체 앞에 멈춰 섰다.

"우아, 로봇이잖아! 근데 작동은 안 되는 건가?"

로봇 몸통을 더듬으며 찬찬히 살펴보던 그때, 스마트폰 배터리가 부족해 플래시가 깜빡거렸다.

"에이, 충전하는 걸 또 깜빡했네……."

그때 지이이잉— 소리가 나면서 로봇 몸통에서 화면이 켜졌다.

"비밀번호 입력 완성."

얼굴 화면이 커지면서 로봇이 눈을 깜빡이며 말했다.

"안녕? 난 로디야."

진이는 깜짝 놀라 뒷걸음질을 쳤다. 그때 무언가가 툭 떨어졌다.

"아, 안녕? 호, 혹시 내가 널 깨운 거야?"

"응, 네가 암호를 맞힌 덕분에 전원이 켜졌어."

"난 암호를 입력한 적이 없는데?"

"네가 플래시를 깜빡이며 내 얼굴 센서에 26이라는 신호를 보냈잖아."

"26?"

"응, 11010."

"11010?"

"내 센서는 빛이 꺼진 상태를 0, 켜진 상태를 1로 읽거든. 날 만든 양 박사님과 리나가 26이라는 암호를 입력해 놓았고."

"그게 무슨 소리야? 양 박사님과 리나는 또 누구고."

그때 갑자기 손목에 찬 스마트폰 벨소리가 크게 울렸다. 진이 엄마였다.

"네 위치가 지금 숲속 출입 금지 구역이라고 알려 주는데 이게 고장 난 거니? 지금이 대체 몇 시인데 거기서 뭐 해?"

"가요, 가. 지금 간다고요."

"로디, 내일 다시 올게. 안녕."

"그래, 기다릴게. 네가 아까 떨어뜨렸던 수첩은 챙겨 가. 이제 네 거니까."

진이는 그제야 수첩이 생각났다. 진이는 수첩을 펴볼 틈도 없이 손에

꼭 쥐고 실험실을 나왔다. 로디에게 물어볼 게 많았지만 로봇 축구 교실을 빼먹은 게 찔려서 얼른 집으로 내달렸다.

그날 밤, 가족과 함께 보던 뉴스에서 특보가 나왔다.

"정부와 우주 과학 연구소는 천체 관측으로 행성 Y0828이 제2의 지구가 될 수 있다고 밝혔습니다. 폭발적으로 늘어난 인구, 부족한 식량, 기후 변화와 환경 오염으로 인해 이제는 새로운 지구를 찾아 나서야 할 때입니다."

"아이고, 말세네 말세야!"

"허허. 지구에 엄청난 일들이 벌어지고 있구만."

아빠, 엄마의 대화를 뒤로 하고 진이는 자기 방으로 들어왔다.

'참, 아까 얼떨결에 수첩을 가져왔었지? 리나? 리나라면…… 혹시 그 유명한 천재 누나인가?'

몇 년 전, 온 세상을 떠들썩하게 한 천재 소녀, 요즘은 웬일인지 뉴스에서 잠잠하던 이름이었다. 진이는 리나의 수첩을 찬찬히 살펴보았다.

리나의 수첩

동영상 강의

20XX. 3. 10.

1. 컴퓨터의 작동 원리와 이진법

컴퓨터도 사람처럼 뇌가 있을까? 컴퓨터는 어떻게 기억하고, 또 기억한 것을 다시 보여 줄까?

컴퓨터는 인간이 아닌, 기계이므로 무언가를 지각할 수 있는 방법은 전기 신호밖에 없다. 컴퓨터는 입력된 문자, 숫자, 그림 등을 전기 신호로 바꾸어 이해하고 저장한다. 컴퓨터는 전기적 신호가 들어오면 1, 안 들어오면 0으로 구분한다. 컴퓨터가 받아들이고 이해하는 것은 오직 0과 1의 전자 신호뿐이다. 그렇다면 컴퓨터는 0과 1 외의 다른 숫자들을 어떻게 세는 걸까?

우리는 일상생활에서 0부터 9까지 숫자 10개를 써서 모든 수를 표현한다. 100가지 수를 표현하기 위해 100가지 다른 모양의 숫자를 사용하지 않는다. 대신 숫자의 위치에 따라 숫자 크기가 달라진다. 예를 들어, 2222이라는 수가 있다고 하자. 2를 연속해서 4번 썼지만, 각 자리마다 의미하는 수가 다르다. 끝에서 두 번째 자리에 있는 수는 20, 세 번째 자리 수는 200, 네 번째 자리 숫자는 2000을 의미한다.

$$2222 = (2 \times 10 \times 10 \times 10) + (2 \times 10 \times 10) + (2 \times 10) + (2 \times 1)$$
$$= (2 \times 1000) + (2 \times 100) + (2 \times 10) + (2 \times 1)$$
$$= 2000 + 200 + 20 + 2$$
$$= 2222$$

이렇게 숫자 10개로 모든 수를 표현하는 방법을 '십진법'이라고 한다. 한편, 컴퓨터는 숫자 0과 1로 모든 수를 표현하는 이진법을 쓴다.

십진법	이진법
0	0 ⑵
1	1 ⑵
2	1 0 ⑵
3	1 1 ⑵
4	1 0 0 ⑵
5	1 0 1 ⑵
6	1 1 0 ⑵
7	1 1 1 ⑵
8	1 0 0 0 ⑵
9	1 0 0 1 ⑵
10	1 0 1 0 ⑵

왼쪽은 십진법 0에서 10까지의 수를 이진법으로 나타낸 표이다.

십진법에서는 1 다음에 2가 오지만, 이진법에서는 0과 1로만 숫자를 나타내므로 1 다음은 자릿수를 올려 '10⑵'으로 표현한다. 또한 십진법에서는 2 다음에 3이 오지만 이진법에서는 10⑵ 다음은 11⑵이 된다.

십진법으로 나타낸 수는 '십진수', 이진법으로 나타낸 수는 '이진수'라고 한다. 이진수는 십진수와 구별하기 위해 숫자 옆에 작게 '⑵'를 표시한다. 숫자를 읽을 때에는 '10⑵'은 예를 들면, '이진수 일공'이라고 한다.

2. 이진수와 십진수 비교하기

십진수는 자리가 올라갈수록 자릿값이 10배씩 커진다. 하지만 이진수는 자리가 올라갈수록 자릿값이 2배씩 커진다. 그러면 1011⑵은 십진수의 어떤 수와 같을까?

$$1011_{(2)} = (1 \times 2 \times 2 \times 2) + (0 \times 2 \times 2) + (1 \times 2) + (1 \times 1)$$
$$= (1 \times 8) + (0 \times 4) + (1 \times 2) + (1 \times 1)$$
$$= 8 + 0 + 2 + 1$$
$$= 11$$

이진수 1011⑵은 십진수 8+0+2+1=11 과 같다.

3. 이진법 카드로 숫자 표현하기

아래 순서에 따라 이진법 카드로 수를 표현해 보자.

어떻게 하면 십진수 21을 이진수로 나타낼 수 있을까? 점이 각각 16, 8, 4, 2, 1개인 이진법 카드의 점 개수를 모두 합해서 21이 되도록 만들어 보자.

① 점이 많은 카드를 왼쪽부터 차례로 둔다.

② 점이 있는 앞면은 1, 점이 없는 뒷면은 0이라고 정한다.

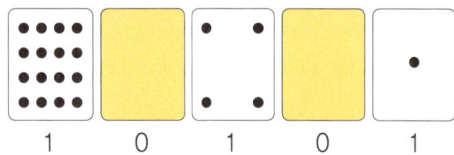

③ 점을 모두 더해서 21을 만든 다음, 카드 아래에 앞면은 1, 뒷면은 0이라고 쓴다.

④ 십진수와 헷갈리지 않게 숫자 뒤에 '(2)'라고 작게 쓴다.

$= 10101_{(2)}$

즉, $21 = 10101_{(2)}$이다.

잠깐, 그런데 점이 많은 카드는 왜 왼쪽에 둘까?

십진수를 표현하는 것과 같은 원리이다. 십진수 2537은 2000 + 500 + 30 + 7인데, 가장 큰 숫자인 천의 자리를 가장 왼쪽에 두고 표현한다. 그리고 가장 오른쪽 일의 자리에서부터 왼쪽으로 갈수로 10씩 곱한 만큼 자릿수가 커지면서 각각 십의 자리, 백의 자리, 천의 자리를 나타낸다.

2	5	3	7
×	×	×	×
1000	100	10	1

왼쪽으로 갈수록 10을 곱한 만큼 커진다.

카드에 찍힌 점의 개수가 왜 16, 8, 4, 2, 1개일까?

이진법에서는 숫자를 0과 1로만 표현하므로, 가장 오른쪽에 있는 일의 자리에서부터 왼쪽으로 갈수록 2씩 곱한 만큼 자릿수가 커진다.

자, 그럼 이번에는 이진법 카드 없이 십진수 29를 이진수로 표현해 보자.

$$29 = 16+8+4+0+1$$
$$= (1 \times 16)+(1 \times 8)+(1 \times 4)+(0 \times 2)+(1 \times 1)$$
$$= (1 \times 2 \times 2 \times 2 \times 2)+(1 \times 2 \times 2 \times 2)+(1 \times 2 \times 2)+(0 \times 2)+(1 \times 1)$$
$$= 11101_{(2)}$$

$11101_{(2)}$은 십진수 $29 = 16+8+4+0+1$과 같다.

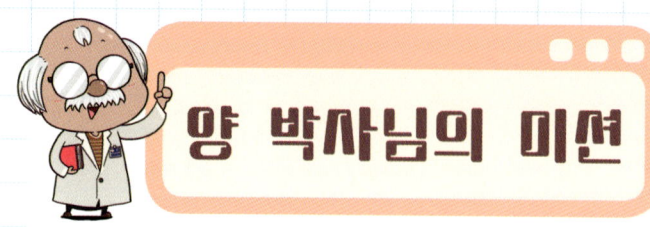

양 박사님의 미션

◆ 카드를 이용해 이진법과 십진법을 더 자세히 이해해 봅시다.

준비물: 이진법 카드 5장 (부록 187쪽)

1. 이진법 카드 5장으로 가장 작은 수와 큰 수를 만들어 보세요.

2. 이진법 카드 5장으로 모두 몇 가지 숫자를 표현할 수 있나요?

3. 자신의 생일을 이진수로 만들어서 친구와 서로 확인해 보세요.

    _____ ⑵월 _____ ⑵일

4. 진이는 어떻게 로디의 비밀번호를 맞혔을까요? 로디는 빛 감지 센서로 1초에 한 번씩 빛을 감지한다고 합니다. 빛이 켜져 있을 때는 칸을 비워 두고, 꺼져 있을 때는 검정색으로 칠해 주세요. 또 11010⑵이 십진수 26이 맞는지 확인해 주세요.

> "네가 플래시를 깜빡이며 얼굴 센서에 26이라는 신호를 주었잖아?"
> "26?"
> "응, 11010."
> "11010?"
> "내 센서는 빛이 켜진 상태를 1, 꺼진 상태를 0으로 읽거든. 날 만든 양 박사님과 리나가 26이라는 암호를 입력해 놓았어."

11010⑵ = ◯◯◯◯◯ = (1×2×2×2×2) + _____
           = _____
           = 16 + _____
           = 26

더 궁금해!

내가 진법을 쓰고 있다고요?

이진법이 낯설다고요? 알고 보면 여러분은 이미 여러 가지 진법을 쓰고 있답니다. 켰다 껐다 하는 스위치에도 이진법이 쓰여요. 우리에게 시간을 알려 주는 시계에도 진법이 쓰여요. 시계판 숫자를 보면 1에서 12까지 숫자가 있지요? 시간을 나타낼 때는 십이진법이 쓰이고 분과 초는 육십진법이 쓰여요.

우리가 일상생활에서 보통 숫자를 셀 때는 주로 십진법을 써요. 십진법은 고대 이집트 문명에서부터 열 손가락으로 수를 세면서부터 쓰기 시작했어요. 마야 문명에서는 십진법보다 2배 많은 이십진법을 썼어요. 손가락과 발가락을 모두 써서 수를 셌지요. 또 바빌로니아에서는 시간을 나타내는 데 처음으로 육십진법을 쓰기 시작했답니다.

어떤가요? 고대인들의 지혜가 대단하죠? 까마득한 옛날, 조상들이 발명한 숫자 세기 방식을 지금도 쓰니까요.

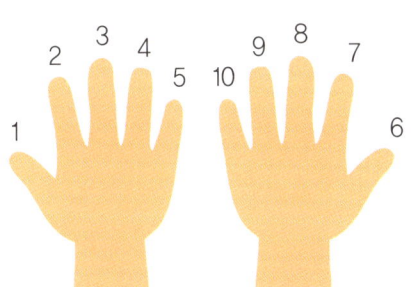

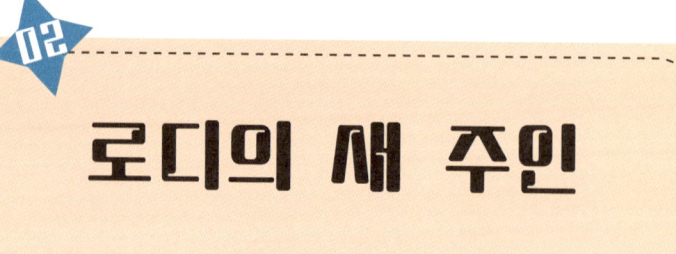

로디의 새 주인

　다음 날, 진이는 홈스쿨링이 끝나기 무섭게 여우별 숲에 있는 실험실로 달려갔다.
　"로디!"
　"진아, 왔니?"
　"엇, 내 이름을 어떻게 알았어?"
　"어제 널 자동 스캔했거든."
　"뭐야, 허락도 없이! 그나저나 넌 대체 왜 여기에 있는 거야?"
　"난 제2의 지구를 찾기 위해 개발된 로봇이야. 양 박사님과 리나가 행방불명되어 아직 미완성이지만……."
　로디는 지난 이 년 동안 두 사람이 연구실에서 전 인류를 구하려고 얼마나 노력했는지 이야기해 주었다.

"뭐? 일 년 뒤에 지구가 커다란 행성과 충돌해 먼지처럼 사라진다고? 말도 안 돼!"

"이미 세계 정부와 우주 과학 연구소는 이 사실을 알고서, 자기들만 지구를 떠나서 새 행성으로 갈 준비를 하고 있어."

로디는 이 엄청나고도 놀라운 사실을 차분한 목소리로 말했다.

"맙소사, 그게 정말이라면 왜 뉴스에 나오지 않는 거지?"

"모든 사람이 이 사실을 알게 되면 사회가 마비되고 붕괴될 테니까. 그럼 행성과 충돌하기 전에 지구가 엉망이 되겠지. 그래서 세계 정부와 우주 과학 연구소에서 진실을 감추고 비밀리에 프로젝트를 진행한 거야."

"맙소사. 자기들만 살겠다는 거야?"

진이는 온몸이 부들부들 떨렸다.

'십일 년 인생, 세상에 착한 사람만 있는 건 아니라는 것쯤은 나도 안다. 우리 동네에도 마주치기만 하면 나를 괴롭히는 깡패 형이 있고, 그런 사람은 분신술이라도 하듯 세상에 많고 많으니까. 하지만 이건 차원이 다르다. 지구가 사라진다잖아!'

로디가 말을 이어 나갔다.

"우주 과학 연구소에서 지구와 환경이 비슷한 행성을 연구하던 양 박사님은 이 모든 사실을 알고 손을 쓰려고 하셨지. 지구 탈출 프로젝트를 준비하던 사람들은 양 박사님을 달가워하지 않았어. 자신들의 계획에 방해가 되니까. 그래서 양 박사님을 감시하고 납치하려고 했어."

"그럼, 그 사람들이 양 박사님을 납치한 거야?"

진이는 얼굴도 모르는 양 박사님이 진심으로 걱정되었다. 박사님 손에 자신과 가족들의 목숨이, 아니 지구의 운명이 달려 있으니 말이다.

"그랬지. 하지만 양 박사님은 그들 모르게 라디오 무선 통신으로 도와 달라는 신호를 여러 곳에 무작위로 보냈어."

"무선 통신? 아, 옛날 옛적에 조상님들이 썼다던!"

진이는 동화책에서 무선 통신에 대해 읽은 것이 떠올랐다.

"맞아. 우주 과학 연구소에서 양 박사님이 쓰는 휴대 전화는 물론이고 모든 컴퓨터와 연구 장비까지 철저히 감시했는데……."

"허를 찌른 거네! 아무도 구닥다리 라디오 무선 통신을 이용할 거라고는 생각하지 못할 테니까 말이야!"

진이는 흥분을 감추지 못하고 소리를 질렀다.

"양 박사님이 보낸 주파수 신호를 리나가 알아챈 거야."

"리나 누나 천재!"

진이는 주먹을 불끈 쥐고 발을 굴렀다.

"리나 누나 덕분에 양 박사님은 무사히 탈출할 수 있었어. 그리고 아무도 모르게 지구를 구할 방법을 연구하기 위해……."

"그러니까 여기서 실험을 하셨다는 거잖아."

진이는 이제 모든 것을 파악했다는 듯 로디의 말을 잘랐다.

"맞아. 양 박사님은 혼자서 Y0828로 갈 수 있는 방법을 연구하려고 하셨지. 하지만 Y0828로 가는 방법을 알아내더라도 또 납치를 당하거나 목숨이 위험할 수 있으니……."

"박사님을 구해 준 리나 누나에게 도움을 청한 거야. 누나는 나이가 어리지만 지구에서 몇 안 되는 천재이고, 또 무엇보다 믿을 수 있으니까 말이야. 내 말 맞지?"

"양 박사님과 리나는 Y0828이 새로운 지구가 될 수 있다고 확신했어. 그래서 나와 함께 그곳에 먼저 도착한 뒤에 안전하게 그곳으로 가는 방법을 전 세계에 알리려고 했지. 그러고는 보통 사람들도 쉽게 우주선을 만들고 조작할 수 있는 방법과 우주선에서 여러 일을 도와줄 로봇도 프로그래밍 했지."

"음, 그러니까 지구 탈출 가이드 로봇 같은 거네?"

"맞아. 그런데 세상에 진실을 알리고 갖가지 프로그램을 나눠 줄

비를 마친 그때, 두 사람이 갑자기 사라졌어."

그때 갑자기 로디 몸통 화면이 켜지고 지지직— 소리가 나더니 영상이 나왔다. 리나였다.

"누군가 이 영상을 보게 된다면 로디가 새 행성을 찾는 임무를 해낼 수 있도록 도와주세요. 아마도 지구가 행성과 충돌하기까지 시간이 얼마 남지 않았을 거예요. 로디 뒷목에 있는 가장 작은 메모리 카드에 자신의 이름을 입력해 주세요."

화면 속 리나의 얼굴은 진지하고 목소리는 간절했다. 진이는 자신도 모르게 입술을 굳게 다물고 고개를 끄덕였다.

진이는 아직 이 모든 게 혼란스러웠지만 리나가 시키는 대로 메모리 카드를 뺐다.

"여기에 어떻게 입력하는 거야?"

"글쎄, 리나의 수첩에 힌트가 있지 않을까?"

진이는 수첩을 펼쳤다. 신기하게도 진이가 펼친 페이지에 0과 1로 문자를 입력하는 방법이 쓰여 있었다.

리나의 수첩

동영상 강의

20XX. 3. 20.

1. 알파벳을 숫자로 표현하기

컴퓨터는 모든 수를 0과 1로만 이해한다고 했다. 그럼 문자는 어떻게 이해할까? 양 박사님은 컴퓨터가 문자도 이진수로 바꾸어 받아들인다고 하셨다. 알파벳마다 차례로 번호를 매겨 숫자로 바꾸어 보자. 그리고 내 이름(LINA)을 이진수로 표현해 보자.

A	B	C	D	E	F	G	H	I	J	K	L	M
1	2	3	4	5	6	7	8	9	10	11	12	13
N	O	P	Q	R	S	T	U	V	W	X	Y	Z
14	15	16	17	18	19	20	21	22	23	24	25	26

① 알파벳을 차례대로 쓴 다음, 순서대로 번호를 매긴다.
② 리나의 영문 이름(LINA)의 알파벳에 해당하는 숫자들을 찾는다.
③ 그 숫자들을 이진수로 바꾼다.

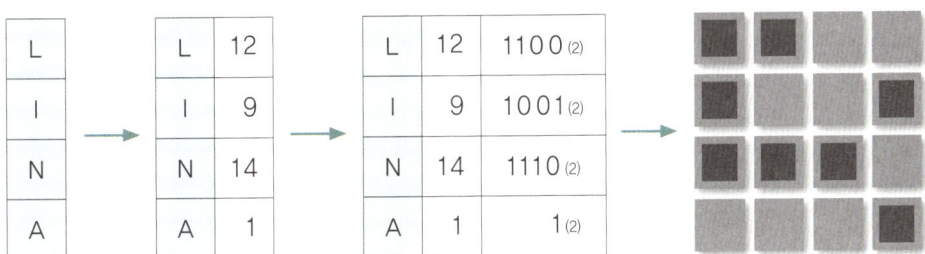

2. 컴퓨터의 문자 코드

컴퓨터는 숫자뿐만 아니라 문자도 이진수 0과 1로 바꾸어 인식한다. 우리가 키보드에서 'ㄱ'자를 누르면 컴퓨터 문자 발생기에서 'ㄱ'에 해당하는 이진수로 컴퓨터에 저장한다. 하지만 문자를 순서 매기는 방법은 전 세계가 공통으로 정한 규칙에 따라야 혼동이 없다. 모든 컴퓨터가 이해할 수 있도록 문자와 특수문자에 번호를 매기기로 약속한 것을 '코드'라고 한다. 코드에는 여러 종류가 있다. 그중에서 대표적인 것이 '아스키코드'이다. 이 코드는 미국표준협회가 영어 알파벳과 특수문자에 번호를 매긴 것이다.

알파벳	십진수	이진수
A	65	$1000001_{(2)}$
B	66	$1000010_{(2)}$
C	67	$1000011_{(2)}$
D	68	$1000100_{(2)}$
E	69	$1000101_{(2)}$

아스키코드 표

아스키코드에 따르면, 컴퓨터는 대문자 A를 입력하면 숫자 65, 다시 말해 이진수 $1000001_{(2)}$로 이해하고 저장한다. 그런데 아스키코드는 한글이나 한자 등을 표현하기 어렵다는 단점이 있다. 그래서 개발된 것이 '유니코드'이다. 유니코드를 쓰면 각 나라별 언어를 모두 표현할 수 있다.

양 박사님의 미션

◆ 알파벳을 이진수로 바꾸는 활동을 해 봅시다.

1. 메모리 카드에 진이 이름을 써 넣는 것을 도와주세요. ('1'이면 네모 칸을 색칠하고 '0'이면 비워 둡니다. 맨 오른쪽 칸이 일의 자리입니다.)

"리나 누나의 수첩을 보니깐 어떻게 하는지 알겠어!"
"그럼, 네 영어 이름 GENIE를 이진법으로 바꾸어 볼래?"
"알파벳을 이진법으로? 흠…… G가 일곱 번째 알파벳이니까 $111_{(2)}$, 그리고 E는 다섯 번째니까 $101_{(2)}$, N은 열네 번째니까 $1110_{(2)}$, I는 아홉 번째니까 $1001_{(2)}$로 나타낼 수 있겠다!"
"너 초등학생 맞아? 너무 똑똑한걸!"
"그런데 리나 누나는 왜 내 이름을 입력하라는 거야?"
"네가 이제 내 주인이니까 나와 함께 Y0828을 찾아야지!"

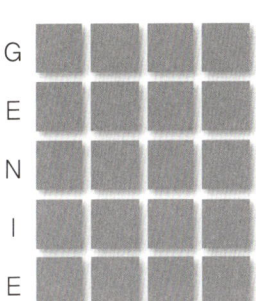

2. 자신의 영어 이름을 이진수로 바꾸어 메모리 카드에 입력해 보세요.

더 궁금해!

눈 감고 우리 집 찾아가기!

엘리베이터를 탈 때 버튼을 눈여겨본 적이 있나요? 엘리베이터 버튼에는 숫자나 열림, 닫힘 기호뿐만 아니라 시각 장애인을 위한 점자가 있어요. 점자는 둥근 점 6개를 돌출시키거나 평평하게 만들어서 글자를 표현하는 방법이에요. 어떤 점을 돌출시키느냐에 따라 서로 다른 점형 문자 63개를 만들 수 있어요. 이진법의 원리와 비슷하지요.

우리나라에서는 1926년에 '훈맹정음'이라는 점자를 만들었어요. 점자는 한글뿐만 아니라 수학, 과학, 악보를 표현하는 데도 쓰여요. 이처럼 세상에는 눈이 아닌 손으로 글을 읽는 방법도 있답니다.

여러분은 눈을 감은 채로 엘리베이터 버튼을 누르고 원하는 층에 가 본 적 있나요? 점자로 올라감, 내려감, 층수를 구분하는 방법만 알면 눈을 감고도 원하는 층을 찾을 수 있어요. 점자를 어떻게 읽는지 한번 볼까요?

엘리베이터 점자 표지판

수표	1	2	3	4	5	6	7	8	9	0
○● ○● ●●	●○ ○○ ○○	●○ ●○ ○○	●● ○○ ○○	●● ○● ○○	●○ ○● ○○	●● ●○ ○○	●● ●● ○○	●○ ●● ○○	○● ●○ ○○	○● ●● ○○

점자로 숫자 읽기

	숫자		알파벳
1	○●●○ ○●○○ ●●○○	A	●○ ○○ ○○
2	○●●○ ○●●○ ●●○○	B	●○ ●○ ○○
3	○●● ○●○○ ●●○○	C	●● ○○ ○○
4	○●● ○●○● ●○○○	D	●● ○● ○○

수표로 숫자와 알파벳 구분하기

 이 표와 같이 점자에서 1, 2, ……, 0까지 숫자는 영어 알파벳 A, B, ……, J와 모양과 순서가 같아요. 그래서 점자로 숫자를 쓸 때는 알파벳과 구별하기 위해 '수표'를 써요. 수표 뒤에 숫자가 온다고 알려 주는 거예요.

09 로디의 미소

"뭐라고? 내가? 지구를 떠난다고? 안 돼. 난 엄마 아빠랑 여기 있을 거야. 난 못 가, 안 가."

진이는 고개를 가로저으며 손사래를 쳤다. 지구를 떠나는 건 한 번도 생각해 본 적 없는 일이었다.

"진아, 네가 싫다고 해도 이미 너는 내 주인이야. 나와 함께 Y0828 행성으로 떠나자."

"로디, 난 절대 지구를 떠날 수 없어. 우주에 대해 아는 것도 없고, 우주선을 조종할 자신도 없다고. 대신 내가 최선을 다해서 너를 도와줄게. 네가 가라, Y0828. 응?"

진이는 두 손을 모으고 가엾은 표정으로 로디를 보았다.

"알았어. 진아, 나도 억지로 너와 함께 가고 싶진 않아."

'뭐야, 순순히 포기하는 건가?'

뜻밖에 로디는 쉽게 단념하는 듯 보였다. 로디는 진이의 마음까지 다 읽었다는 듯이 진이를 쳐다보았다.

"로디, 내 말을 잘못 이해한 거 같은데 말야. 지구를 떠날 수 없다는 거지, 널 돕지 않겠다는 건 아니야."

로디는 대답이 없었다. 진이는 어쩐지 미안하기도 하고, 자신이 비겁하게 느껴졌다.

"그럼 내가 뭘 도와주면 될까? 난 로봇을 잘 몰라. 게다가 수학이랑 과학은 너무 어렵다고!"

"에구구……. 운도 없지, 초등학생이 날 발견할 줄이야."

로디가 말했다.

"뭐라고? 로디 너, 내가 다시 확 꺼 버린다!"

진이는 로디 앞으로 다가가서 전원 버튼을 찾는 시늉을 했다.

"농담이야, 농담!"

로디가 진이 주변을 돌며 말했다.

"무표정한 얼굴로 장난치니까 진심 같잖아!"

"내 얼굴에 표정이 하나만 입력되어 있어서 그래."

로디 말에 진이는 조금 누그러졌다.

"아, 그렇구나. 네가 다양한 감정을 표현할 수 있게 도와주는 게 먼저일 것 같은데."

"정말? 드디어 나도 표정을 갖게 되는 거야? 꺄훗!"

로디는 양팔을 휘저으며 연구실을 한 바퀴 돌았다.

"그래 말만 해! 이 형이 너한테 희로애락이 담긴 모든 표정을 입력해 줄 테니."

진이는 의기양양하게 말했다.

"표정이 있으면 세상에서 가장 잘생긴 로봇이 되겠지? 먼저 눈웃음 짓는 표정을 만들어 줘!"

로디는 진이를 보며 따라 웃고 싶었다.

"좋았어! 그런데…… 표정을 만들려면 어떻게 해야 해?"

방금 전까지 큰소리치던 진이는 갑자기 머릿속이 하얘졌다.

"그건 나도 모르는데?"

진이는 로디의 동그란 눈이 더 커지는 것처럼 느껴졌다.

'이럴 때 양 박사님과 리나 누나가 있다면 얼마나 좋을까…….'

진이는 두 사람을 떠올리며 리나 누나의 수첩을 펼쳤다.

리나의 수첩

동영상 강의

20XX. 4. 5.

1. 픽셀 이해하기

컴퓨터는 우리가 모니터로 보는 이미지나 사진도 0과 1로 표현하고 저장한다. 어떻게 0과 1만으로 글씨나 그림을 표현할 수 있을까?

컴퓨터 화면은 아주 작은 정사각형 점들로 이루어져 있다. 이 점들 하나하나를 '픽셀'이라고 한다. 예를 들어 흑백 모니터 화면에서 각 픽셀은 검정색이나 흰색이다. 아래 그림처럼 모니터에서 보이는 알파벳 C를 확대하면 작은 점 단위로 구성되어 있다. 픽셀에 색을 칠하면 1, 칠하지 않으면 0으로 표현해 보자. 우리가 컬러 모니터에서 보는 그림들은 각각의 픽셀마다 0 또는 1로 이루어진 다양한 색 정보들의 조합인 것이다.

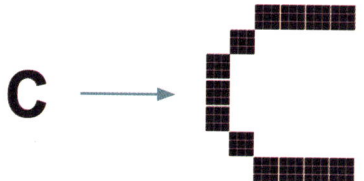

픽셀로 표현된 알파벳 C

2. 픽셀을 숫자로 압축해서 표현하기

알파벳 C가 그려진 픽셀 정보를 숫자로 표현해 보자.

먼저, 빈칸은 0, 색칠한 칸은 1이라고 하여 픽셀을 이진수로 표현해 보았다. 다음 표 Ⓐ에 숫자들을 적어 보았다.

여기서 양 박사님은 이 숫자들을 더 간단하게 줄이는 방법은 없을지 생각해 보라고 하셨다. 그래서 생각해 낸 것이 다음 표 Ⓑ에 적힌 숫자이다.

픽셀을 숫자로 표현하기		
A	B	C
0, 0, 1, 1, 1, 1	2, 4	0, 2, 4
0, 1, 0, 0, 0, 0	1, 1, 4	0, 1, 1, 4
1, 0, 0, 0, 0, 0	1, 5	1, 5
1, 0, 0, 0, 0, 0	1, 5	1, 5
1, 0, 0, 0, 0, 0	1, 5	1, 5
0, 1, 0, 0, 0, 0	1, 1, 4	0, 1, 1, 4
0, 0, 1, 1, 1, 1	2, 4	0, 2, 4

A 또는 C를 보고 색칠했을 때

하지만 B방식은 문제가 있었다. B에 적힌 숫자를 보고 칸을 칠하다 보면 알파벳 C가 아니라 전혀 다른 이미지가 나올 수도 있기 때문이다. 아래 그림처럼 말이다. 맨 첫 칸을 색칠할지, 안 할지 규칙이 필요했다.

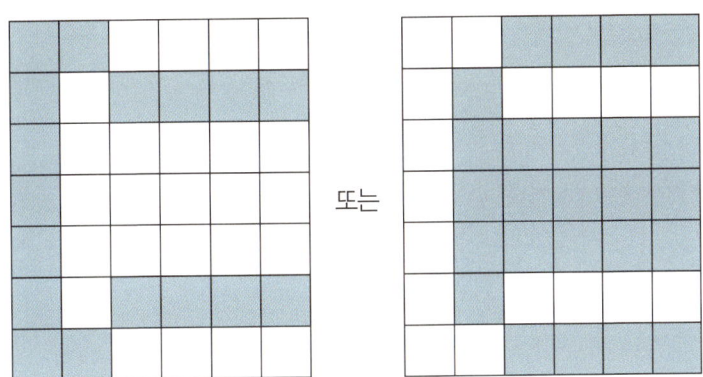

표 B를 보고 색칠했을 때

그래서 나온 것이 C방식이다. 맨 첫 칸을 색칠하지 않을 경우, 숫자 맨 앞에 0을 쓰기로 했다. 예를 들어 [0, 2, 4]일 경우, 0으로 시작하니까 처음 2칸은 색칠하지 않고, 4칸은 색칠한다. 숫자로 이미지를 표현하는 것이 흥미롭다.

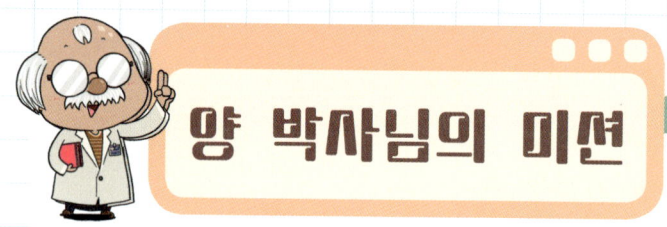

♦ 숫자와 픽셀로 로디의 표정을 만들어 봅시다.

준비물: 색연필

<보기>

로디의 얼굴 모니터가 가로 12개, 세로 7개의 픽셀로 이루어져 있다고 해 봅시다. 진이는 로디에게 표정을 만들어 주고 싶어 합니다. 아래 <보기>는 앞에서 배운 원리를 이용해 로디의 웃는 얼굴을 픽셀로 표현하고, 그것을 숫자로 나타낸 것입니다.
(각 줄에서 맨 첫 칸을 색칠하지 않을 경우, 먼저 숫자 0을 쓰기로 해요.)

0, 12
0, 12
0, 2, 1, 6, 1, 2
0, 1, 1, 1, 1, 4, 1, 1, 1, 1
1, 3, 1, 2, 1, 3, 1
0, 12
0, 12

1. 이제 여러분이 로디에게 표정을 만들어 주세요.

아래와 같이 숫자를 입력하면 로디의 표정은 어떻게 나올까요? 규칙에 맞게 칸을 색칠해 보세요.

①

| 0, 12 |
| 0, 1, 2, 6, 2, 1 |
| 0, 3, 1, 4, 1, 3 |
| 0, 4, 1, 2, 1, 4 |
| 0, 3, 1, 4, 1, 3 |
| 0, 1, 2, 6, 2, 1 |
| 0, 12 |

②

| 0, 12 |
| 5, 2, 5 |
| 0, 1, 1, 1, 1, 4, 1, 1, 1, 1 |
| 0, 1, 1, 1, 1, 4, 1, 1, 1, 1 |
| 0, 1, 1, 1, 1, 4, 1, 1, 1, 1 |
| 0, 1, 1, 1, 1, 4, 1, 1, 1, 1 |
| 0, 12 |

2. 로디가 다음과 같은 표정을 짓도록 만들어 주고 싶어요. 어떤 숫자를 입력하면 될까요?

①

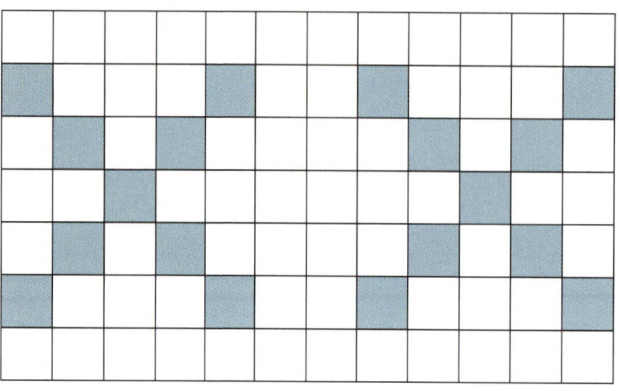

②

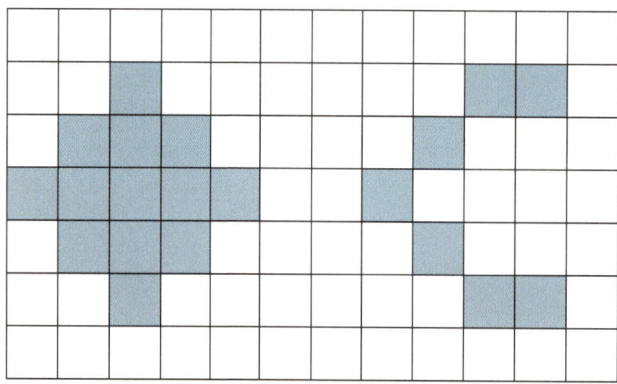

더 궁금해!

비트맵과 벡터의 차이를 아나요?

픽셀이란 디지털 이미지를 이루는 가장 작은 단위인 사각형 점이에요. 다른 말로는 '화소'라고도 해요. 화소 수가 많을수록 이미지의 해상도가 높아져요. 해상도란 이미지에 가로, 세로로 작은 사각형 점이 몇 개 들어 있는지를 뜻해요.

해상도가 높을수록, 크기가 작고 더 많은 픽셀로 이루어져 있어서 이미지를 섬세하고 선명하게 표현할 수 있어요. 하지만 저장할 픽셀 정보가 많아지면 파일 용량이 커지기 때문에 무조건 해상도를 높이는 것이 꼭 좋은 방법은 아니에요. 이렇게 픽셀로 이루어진 그림을 '비트로 된 이미지'라고 해요. 비트맵(bitmap)은 비트(bit)와 맵(map)이 합쳐진 말로 '비트의 지도'라는 뜻이에요. 하나씩 채워 나가면서 전체를 표현하는 것이 지도와 비슷하지요. 우리가 흔히 쓰는 jpg 그림 파일이 대표적인 비트맵 이미지랍니다.

반면 '벡터 이미지'는 기준점에서 수학 좌표법으로 그림을 표현하고 저장해요. 그래서 아무리 확대해도 이미지가 깨지지 않아요. 전문적으로 이미지를 다룰 때 많이 사용하며, 주로 일러스트레이터 프로그램으로 만드는 ai 파일 형식으로 저장합니다.

아래 그림은 같은 그림을 비트맵 이미지와 벡터 이미지로 표현한 것입니다. 확대해 보면 비트맵 이미지에서는 로디의 얼굴이 깨져 보이네요.

확대했을 때 비트맵 이미지

확대했을 때 백터 이미지

둘.
우주로 떠나기 위한 준비

04 외계 행성에서 온 신호
_컴퓨터의 논리 연산 : AND·OR 연산하기

05 리나가 보내고 싶었던 메시지
_컴퓨터의 정보 압축 : 문자 압축하기

06 답장으로 온 그림
_컴퓨터의 정보 압축 : 그림 압축하기

 외계 행성에서 온 신호

벌써 토요일이 되었다. 진이는 점심을 먹자마자 실험실로 달려왔다. 실험실은 빛이 들어오지 않아 시간을 가늠하기 어려웠다.

진이는 몇 시간에 걸쳐 로디에게 새로운 표정을 입력해 주었다.

"나한테 표정이 다섯 가지나 생겼어! 새로 태어난 기분인걸."

"후훗~ 이 정도는 기본이지! 근데 너 웃으니까 좀 귀엽다."

진이는 로디의 머리를 한 번 쓰다듬었다. 로봇이라 차가운 금속일 줄 알았는데 의외로 따뜻했다.

"헤헤헤, 고마워. 진아."

"아니야, 나도 너에게 표정을 만들어 주면서 점 하나하나가 모여 이미지로 표현된다는 걸 알았어."

"우리 서로를 조금씩 더 알아가게 될 거야."

진이는 로디를 만난 지 얼마 안 되었지만 오랜 친구처럼 편했다. 또 앞으로 로디와 아주 특별한 경험을 하게 될 거라는 예감이 들었다.

"머리 좀 썼더니 배고프네. 아참, 샌드위치가 있었지!"

진이는 큰 책상에 다리를 걸치고 앉아 엄마가 만들어 준 샌드위치를 꺼내 한 입 베어 물었다. 그때 갑자기 로디의 안테나가 반짝거렸다. 로디는 부들부들 떨더니 지이잉— 소리를 냈다.

"어어어— 뭔가 신호가 잡혀."

로디 몸통에 있는 작은 화면에 메시지가 떴다.

1 0 0 1 1 0 0 0 0 0 0 0
1 0 0 1 1 1 1 0 0 0

"엇, 대체 누가 신호를 보내는 거지? 어떻게 내 주파수를 알았을까?"

"로디, 짓궂은 프로그래머가 우연히 네 주파수를 맞춘 거 아니야?"

진이는 마지막 남은 샌드위치를 입에 가득 넣고는 리나의 수첩을 뒤적거리며 대수롭지 않게 말했다.

"혹시 암호인가?"

로디가 혼자 중얼거렸다. 수첩을 읽던 진이가 입안에 든 샌드위치를 뿜으며 갑자기 크게 소리 질렀다.

"로디, 그거 Y0828에서 온 메시지야! 어서 이 신호를 모두 저장해."

"헉, 진아, 사실 나 계속 들어오는 신호를 모두 저장하기에 남은 용량이 부족해."

"뭐야? 너 겉만 멀쩡한 로봇이었어? 이 정도도 저장 못 한다고?"

"진아, 빨리 종이에 받아쓰든지, 외우든지 해 봐. 계속해서 신호가 오고 있어."

진이는 숫자를 받아쓰기 시작했다.

"0과 1의 반복이라…… 쉽네. 네 표정을 만들었을 때처럼 숫자를 압축하면 간단하지!"

"어, 이번에는 영어랑 덧셈이 섞여 있네. 이게 진짜 암호인가?"

(1 AND 1) × 4
(0 AND 0) + (1 OR 0)
(1 AND 1) + (1 OR 1)
0 OR 0

진이는 이번에도 재빨리 리나의 수첩을 펼쳐 보았다.

리나의 수첩

동영상 강의

20XX. 4. 23.

컴퓨터의 논리 연산에 대해 알아보자.

1. 참과 거짓

컴퓨터는 계산기처럼 계산을 하기도 하지만 논리적인 문제를 해결하기도 한다. 이때 덧셈, 뺄셈, 곱셈, 나눗셈을 이용해 계산하는 것을 '사칙 연산'이라고 하고, 주어진 문제를 맞다, 틀리다 판단하는 것을 '논리 연산'이라고 한다.

컴퓨터는 거짓을 '0', 참을 '1'로 인식한다. 판단할 값이 두 개 이상일 경우, 두 값의 관계에 따라 결과 값이 거짓일 수도, 참일 수도 있다.

2. AND 연산

판단할 조건이 '동시에' 성립하는지 묻는 경우가 있다. 이럴 때를 'AND 연산'이라고 한다. 'AND'는 '동시에', '그리고'라는 뜻이 있다. AND 연산은 모든 조건이 참일 때만 참으로 처리하고, 그렇지 않으면 전부 거짓으로 처리한다. 예를 들어, 두 가지 신호가 입력되었는데 하나는 1(참)이고, 다른 하나도 1(참)일 때 AND 연산을 하면 결과 값을 '1'로 출력한다.

```
1 AND 1 = 1 (참)   | 지구는 둥글고 지구는 회전한다. (참)
1 AND 0 = 0 (거짓) | 지구는 둥글고 지구는 회전하지 않는다. (거짓)
0 AND 1 = 0 (거짓) | 지구는 둥글지 않고 지구는 회전한다. (거짓)
0 AND 0 = 0 (거짓) | 지구는 둥글지 않고 지구는 회전하지 않는다. (거짓)
```

3. OR 연산

'OR'은 '또는'이라는 뜻이다. 그래서 OR 연산은 두 조건 중 하나만 참이어도 결과를 참으로 처리한다. 예를 들어, 두 가지 신호가 입력되었는데 하나는 1(참)이고, 다른 하나는 0(거짓)일 때, OR 연산을 하면 결과 값이 1(참)이 된다.

> 1 OR 1 = 1 (참) | 지구는 둥글거나 지구는 회전한다. (참)
> 1 OR 0 = 1 (참) | 지구는 둥글거나 지구는 회전하지 않는다. (참)
> 0 OR 1 = 1 (참) | 지구는 둥글지 않거나 지구는 회전한다. (참)
> 0 OR 0 = 0 (거짓) | 지구는 둥글지 않거나 지구는 회전하지 않는다. (거짓)

양 박사님의 미션

◆ 컴퓨터의 논리 연산으로 재밌는 활동을 해 봅시다.

준비물 : 숫자 카드, 연산 카드, 연산 결과 값 카드 (부록 189, 191쪽)

1. 외계에서 온 두 번째 암호를 논리 연산으로 풀어 보세요.

$$(1\,AND\,1) \times 4 =$$
$$(0\,AND\,0) + (1\,OR\,0) =$$
$$(1\,AND\,1) + (1\,OR\,1) =$$
$$0\,OR\,0 =$$

2. 친구와 논리 연산 카드 게임을 해 봅시다. 부록에서 숫자 카드와 연산 카드를 오려 친구와 나누어 갖습니다. 두 사람에게 각각 기회가 4번 있습니다. 점수가 더 높은 사람이 이깁니다.

① 카드를 섞어서 나누어요.

  숫자 카드와 연산 카드를 각각 섞은 다음 따로 뒤집어 놓습니다.

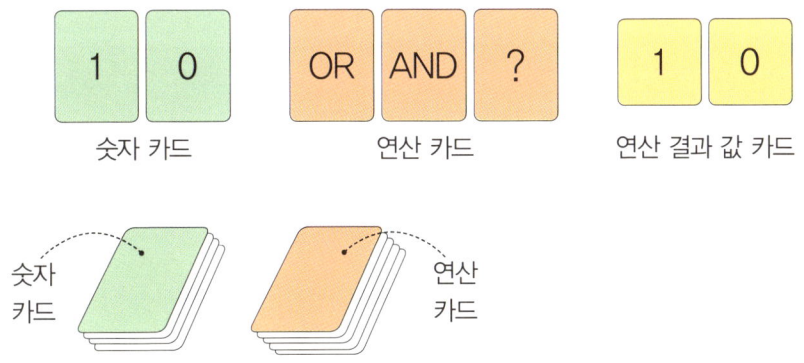

② 연산 결과 값 카드를 선택해요.

　각자 연산 결과 값 카드 0과 1 중 하나를 선택합니다. 게임에서 나온 최종 결과 값이 처음에 선택한 연산 결과 값과 같으면 이기는 게임입니다. 예를 들어 나는 연산 결과 값을 1, 친구는 0으로 정했다고 합시다.

③ 숫자 카드를 한 장씩 가져와요.

　예를 들어 둘 다 숫자 1을 뽑았다고 합시다.

④ 연산 카드를 한 장씩 가져와요.

　만약 물음표가 적힌 카드가 나오면 AND나 OR 중 자신이 원하는 대로 정할 수 있습니다. 예를 들어 나는 AND, 친구는 OR을 뽑았다고 합시다.

⑤ 논리 연산을 해요.

　나는 1, 친구는 0을 가져왔나요? 자신의 카드 세 장으로 논리 연산을 합니다.

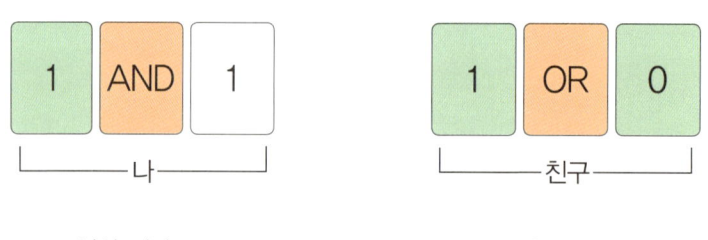

연산 결과 = 1
(처음에 1을 선택 → 1점 획득)

연산 결과 = 1
(처음에 0을 선택 → 점수 없음)

⑥ 점수를 얻어요.

　자신이 선택한 연산 결과 값과 게임을 통해 연산한 값이 같으면 1점을 얻고, 다르면 점수를 얻지 못합니다.

⑦ 반복해요.

　다시 ③부터 반복해서 점수가 높은 사람이 이깁니다. 한 번 쓴 카드는 다시 사용하지 않습니다.

> **〈잠깐!〉 물음표 카드가 나왔을 때**
> 우선 작전을 잘 세워 연산 결과 값이 무엇인지, 먼저 뽑은 숫자 카드가 무엇인지에 따라 AND, OR 카드 가운데 적절한 것을 선택해야 합니다.
> 예를 들어 나의 연산 결과 값 카드는 1인데 처음 뽑은 숫자 카드가 1이었다고 해 봅시다. 물음표 카드를 AND라고 결정하면, 그 다음 숫자가 1이 아니면 연산 결과가 1이 될 수 없습니다. 반면에 OR이라고 결정하면 그 뒤에 숫자가 어떤 숫자가 오더라도 연산 결과가 1이 나오므로 점수를 얻을 수 있지요.

1 AND 1 = 1 (참)	1 OR 1 = 1 (참)
1 AND 0 = 0 (거짓)	1 OR 0 = 1 (참)
0 AND 1 = 0 (거짓)	0 OR 1 = 1 (참)
0 AND 0 = 0 (거짓)	0 OR 0 = 0 (거짓)

연산 결과 표

더 궁금해!

논리 연산으로 게임 레벨 조건 정하기

게임에서 더 강하고 멋진 캐릭터나 무기를 얻으려면 레벨을 올리거나 경험치를 쌓거나 게임 머니를 써야 해요. 이때 컴퓨터는 논리 연산을 통해 각각의 조건을 만족시키는지를 파악한답니다.

모든 게임은 논리 연산을 통해 조건을 만족하면 캐릭터의 능력이나 레벨 등을 올릴 수 있다. (출처: 세븐나이츠)

AND 연산은 두 가지 조건을 모두 만족해야만 원하는 결과 값을 내보냅니다. 어떤 게임에서 캐릭터 A와 B가 있다고 가정해 봅시다. 게임에서 다음 단계로 넘어가기 위한 조건이 아래와 같다면 캐릭터 A처럼 두 조건을 모두 만족해야만 합니다. 캐릭터 B의 경우 레벨은 조건을 만족하지만, 경험치가 조건을 만족하지 못하기 때문에 다음 단계로 넘어갈 수 없습니다.

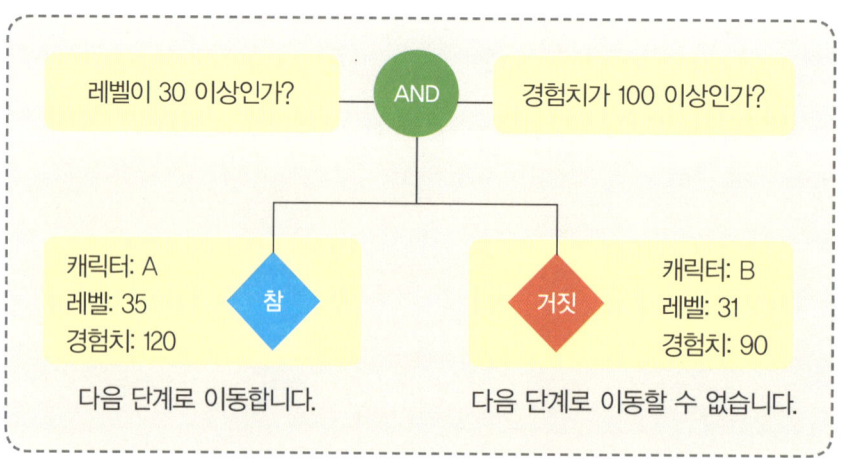

OR 연산을 하는 경우에는 둘 중 한 가지 조건만 만족되어도 다음 단계로 넘어갈 수 있어요. 다음 단계로 이동하는 조건이 아래와 같다면 캐릭터 C의 경우, 경험치는 조건을 만족하지 못하지만, 레벨은 조건을 만족하므로 다음 단계로 이동할 수 있어요. 하지만 캐릭터 D의 경우에는 두 조건을 모두 만족하지 못하므로 다음 단계로 이동할 수 없어요.

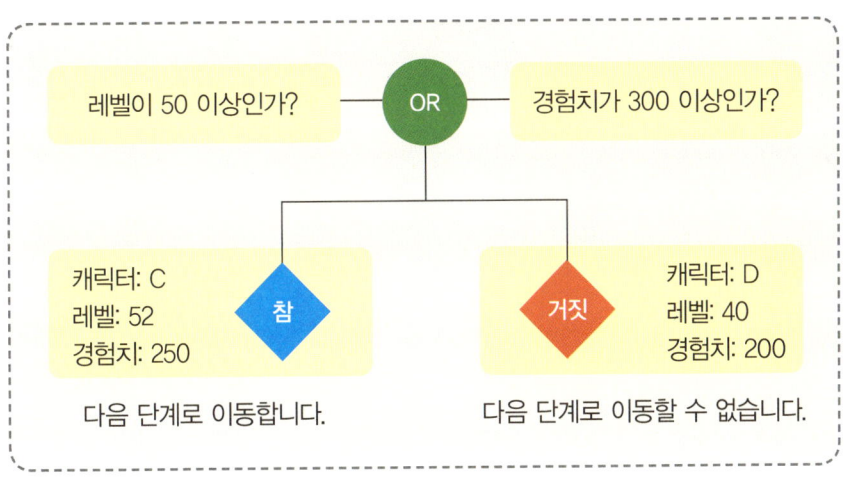

여러분이 게임을 만든다면 어떤 미션에 어떤 조건을 주고 싶은가요?

〈잠깐!〉 **게임으로 논리 연산 배우기: 아키네이터(http://kr.akinator.com)**
아키네이터는 논리 연산을 퀴즈로 배울 수 있는 사이트입니다. 지니가 스무고개 형식으로 질문을 하면 답을 선택합니다. 지니는 AND 연산을 이용해 참인 것만을 골라 정답을 맞힙니다. 사람의 마음을 읽는 독심술사처럼 말이죠.

05 리나가 보내고 싶었던 메시지

진이는 학교가 끝나자마자 집으로 돌아왔다. 진이가 현관문을 들어서자마자 거실에 있던 엄마와 아빠가 동시에 고개를 돌렸다.

"진아, 너 요새 통 얼굴 보기가 힘들다. 엄마한테 뭐 할 말 없어?"

진이 엄마가 물었다. 진이 아빠도 진이 엄마의 어깨를 짚으며 고개를 죽 빼고는 물었다.

"아빠는? 아빠한테는 할 말 없니? 뭐 필요한 건 없고?"

'일 년 뒤에 지구가 다른 행성이랑 충돌······. 로디라는 로봇이랑······.'

진이는 어디서부터 어떻게 이야기를 시작해야 할지 몰랐다. 아니, 사실대로 이야기하면 믿어 줄까 싶었다.

"나중에요. 나중에 자세히 얘기할게요. 지금은 친구랑 약속이 있어서 바로 나가야 해요."

진이는 서둘러 가방을 놓고 여우별 숲으로 내달렸다.

언제나처럼 로디가 진이 주위를 돌며 반갑게 인사를 해 주었다.

"너에게 온 신호를 짧게 바꿔서 저장해 뒀어. 로디."

진이는 스스로가 뿌듯한 듯 어깨에 잔뜩 힘을 주고 말했다.

"좋았어. 네 덕분에 살았다. 리나가 내 주기억장치를 업데이트 하지 못 했나 봐."

로디가 웃는 표정으로 말했다.

"리나의 수첩에 보면 너에게 예전에도 이런 신호가 왔었다고 적혀 있어. 혹시 기억 안 나?"

진이가 물었다.

"네가 날 발견하고 우연히 비밀번호를 맞혔을 때 꼭 필요한 것들 빼고는 대부분 초기화되었어. 그래서 예전 기억이 없어."

로디는 여전히 웃는 얼굴로 말했다.

'기억이 안 나는데 웃는 표정이라니…….'

진이는 틈틈이 로디에게 좀 더 다양한 표정을 만들어 주어야겠다고 다짐했다. 하지만 지금은 그게 중요한 게 아니다.

"그렇구나……. 근데 대체 무슨 메시지일까? 외계인이 보냈을까?"

진이는 커다란 연구실 책상에 턱을 괴고 골똘히 생각하며 말했다.

"분명 중요한 내용이겠지?"

둘은 조용해졌다. 몇 분 뒤, 로디가 눈을 반짝이며 진이에게 다가와서 말했다.

"무슨 메시지를 보냈냐고 물어보면 되잖아."

"응? 대체 어떻게?"

"나에게 신호를 보낸 그 주파수로 다시 메시지를 보내면 되지."

"오— 로디, 너 천잰데?"

"근데 외계인이 한국어를 알까? 영어로 물어봐야 하나?"

"영어로 물어보면 영어로 대답해 주려나? 지금처럼 0과 1로 답이 오면 또 못 알아들을 텐데……."

"그러네……. 그럼 방금 무슨 신호였냐고 물어보지 말고, 그냥 우리가 하고 싶은 말을 보내 보는 건 어때?"

"어떤 말?"

"예전에 리나가 보내려고 했던 메시지가 있어."

로디는 리나가 자신에게 저장해 놓은 메모장을 열어 실험실 모니터로 크게 볼 수 있게 띄웠다.

리나의 수첩

동영상 강의

20XX. 5. 10.

우주에 생명체가 있다면……. 그들에게 신호를 보내 대화를 할 수 있다면 지구를 구할 방법을 찾을 수 있을지도 모른다. 그래, 메시지를 보내는 거다. 메시지를 보내기 위해선 비트와 바이트에 대해 알아야 한다.

1. 비트와 바이트

컴퓨터에서 사용하는 가장 작은 정보 단위를 비트(bit)라고 한다. 비트를 전구라고 생각하면 쉽다. 1비트는 전기 신호를 받거나 받지 않거나 둘 중 하나이므로, 저장하는 정보도 0 또는 1이다.

2비트로는 11, 10, 01, 00 이렇게 4가지 다른 값을 저장할 수 있다. 8비트가 모이면 바이트(byte)라는 단위가 된다. 전구 8개를 꽂을 수 있는 나무판이 1바이트인 셈이다.

1바이트 = 8비트(전구 8개)

비트는 컴퓨터에서 정보를 나타내는 가장 작은 단위이고, 바이트는 문자를 나타내는 가장 작은 단위이다. 1바이트로 256가지 문자를 표현할 수 있다. 보통 영어 알파벳과 숫자는 1바이트이고 한글과 한자는 2바이트를 차지한다. 영어는 알파벳 대문자와 소문자를 합쳐서 52자로 이루어져 있기 때문에 1바이트 내에 모든 문자를 저장할 수 있다. 하지만 한글은 ㄱ, ㄴ, ㄷ, ㅏ, ㅑ 이외에도 받침이 있어서 모든 가능한 조합의 경우가 무려 11,172자가 된다. 그러므로 한글을 저장하려면 65,536가지를 표기할 수 있는 2바이트가 필요하다.

예를 들어 'ABC123리나'라고 입력했다고 하자. 이 정보는 용량이 몇 바이트일까?

먼저, 'ABC123'는 알파벳 3개와 숫자 3개로 이루어져 있으므로 각각 1바이트씩, 6바이트가 된다.

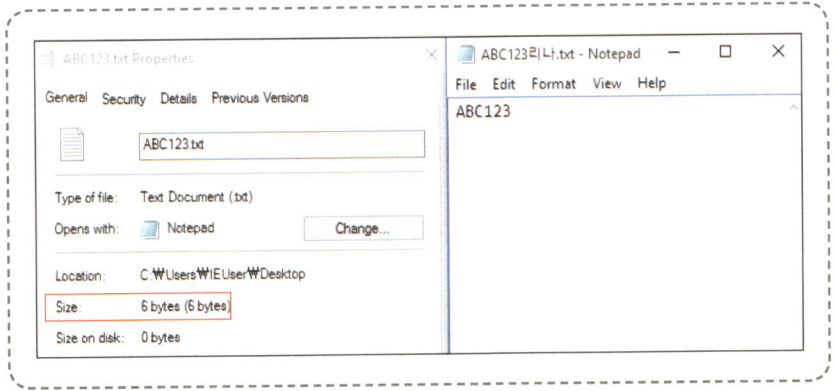

'리나'는 한글이므로 한 글자 당 2바이트씩 차지하므로 4바이트가 된다. 그러므로 'ABC123리나'의 총 저장 용량은 10바이트이다. 메모장 파일을 저장한 다음 '속성'을 클릭하면 크기가 10바이트임을 확인할 수 있다.

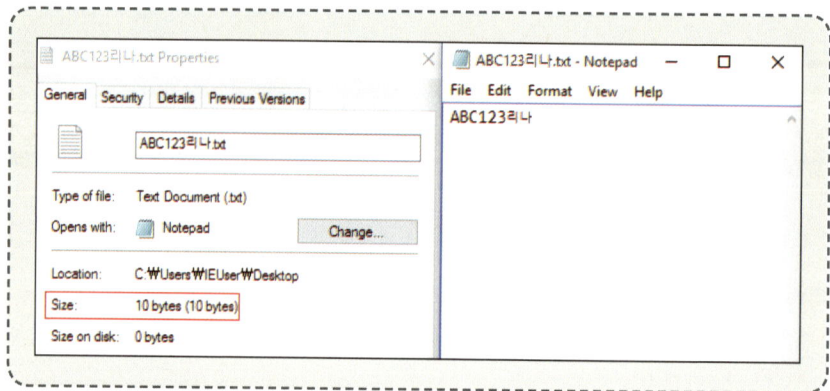

2. 문자 압축하기

로디가 저장하고 보낼 수 있는 데이터 양이 적으니 효율적으로 문자를 압축해야 한다. 압축하는 방법에 대해 생각해 보자. 예를 들어, 보낼 정보는 다음과 같다.

> 떴다 떴다 비행기
> 날아라 날아라
> 높이 높이 날아라
> 우리 비행기

먼저, 중복되는 단어들은 괄호로 표시해 보았다.

> 떴다 (떴다) 비행기
> 날아라 (날아라)
> 높이 (높이) (날아라)
> 우리 (비행기)

괄호 부분을 지워 보았다.

> 떴다 비행기
> 날아라
> 높이
> 우리

이렇게 하니 데이터 양이 거의 절반으로 줄었다. 하지만 빠진 부분을 어떻게 표시해야 할까? 좀 더 간단하게 표현하는 방법은 없을까?

아하! 생략한 단어 대신 색깔을 정하고 칠해 보는 건 어떨까? 한글은 2바이트를 차지하니 한 글자라도 줄이면 데이터 양이 꽤 줄어드는 효과가 있다.

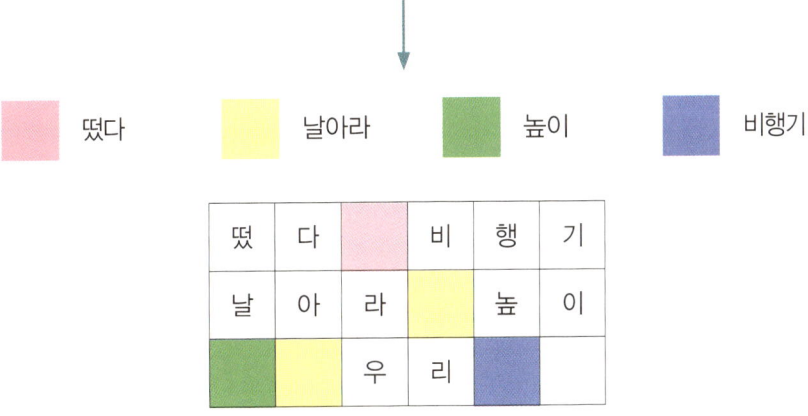

떴	다	떴	다	비	행	기
날	아	라	날	아	라	높
이	높	이	날	아	라	우
리	비	행	기			

원문은 글자 수가 모두 25개로 총 50바이트이다.

데이터를 압축하면, 글자 수가 12개로 줄어들어 용량이 24바이트가 된다.

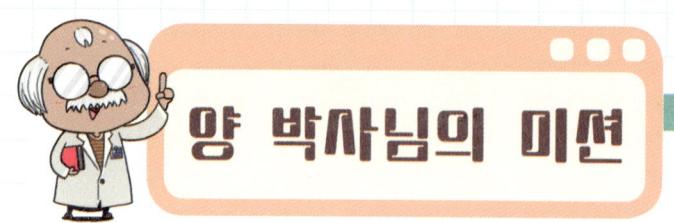

양 박사님의 미션

◆ 문자 압축을 함께 해 봅시다.

로디가 한 번에 메시지를 보낼 수 있는 용량은 112바이트예요. 영어, 숫자는 1바이트이고 한글은 2바이트인데 어떻게 줄여야 메시지 전송이 가능할까요?

1. 다음은 리나의 컴퓨터에 저장되어 있던 메모장이에요. 리나가 보내고 싶었던 메시지에서 두 번 이상 반복되는 단어에 괄호를 넣어 보세요.

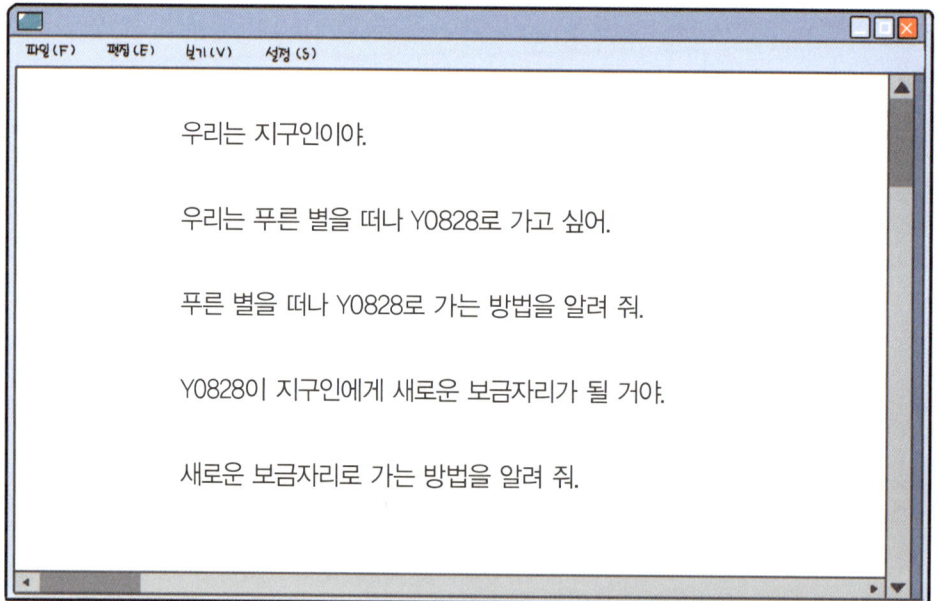

2. 리나의 메시지에서 압축할 수 있는 부분을 찾아 색칠하고, 다시 반복되는 부분은 색으로 표현하여 전체 메시지 용량을 줄여 봅시다.

■ 우리는   ■ 푸른 별을 떠나   □ _____

■ 지구인   □ _____   ■ 로 가는 방법을 알려 줘

우	리	는	지	구	인	이	야
■		푸	른	별	을	떠	나	Y
0	8	2	8	로	가	고	싶
어							

더 궁금해!

알파고와 인공지능

　세상에 소개된 지 단 일 년 만에 유럽 바둑 챔피언과 세계 바둑 챔피언을 꺾은 인공지능 바둑 프로그램 '알파고'. 최근 알파고의 등장은 사람들 사이에서 큰 화제가 되었습니다. 2016년, 알파고는 십 년간 세계 정상의 바둑기사로 인정받아 온 이세돌 기사를 4 대 1로 이겼지요. 알파고가 이런 결과를 낼 수 있었던 것은 '기계 학습' 덕분이라고 해요.

　기계 학습은 컴퓨터가 인간처럼 학습하도록 하는 기술이에요. 사람은 사진을 보고 개와 고양이를 쉽게 구별하지만 컴퓨터는 그렇지 못합니다. 사람은 개와 고양이의 차이를 말로는 정확하게 설명할 수 없어도 경험을 통해 구별할 수 있죠. 이렇게 사람처럼 많은 경험을 통해 컴퓨터가 스스로 개와 고양이를 구별하는 규칙을 만들 수 있도록 학습시키는 것이 기계 학습이랍니다.

　사실 바둑판에 돌을 어디에 놓는지에 따라 달라지는 경우의 수는 우주에 있는 원자

바둑 기사 이세돌

수만큼 많다고 해요. 그렇다면 그 모든 경우에 대해서 프로그래머가 프로그래밍을 할 수는 없겠죠? 그렇기 때문에 기계도 인간처럼 학습을 시킵니다.

알파고는 기존의 프로 기사들이 두었던 모든 바둑 경기를 학습하고, 자기 자신과의 대결을 통해서도 학습했어요. 그래서 한 달 만에 인간으로 치면 무려 천 년 동안 있었던 바둑 경기를 학습할 수 있었다고 해요.

인공지능은 더욱 많은 분야에서 쓰이고 우리 생활과 더욱 밀접해질 거예요. 여러분도 인공지능을 적용할 수 있는 분야를 생각해 보세요.

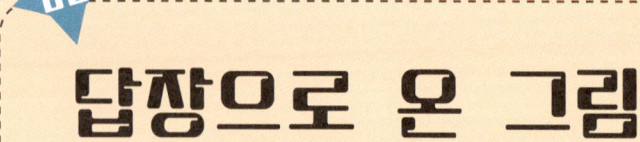

답장으로 온 그림

　로디를 알게 된 지 일주일이 지났다. 그 사이 진이는 컴퓨터와 로봇에 관한 책을 여러 권 읽었고, 점점 살기 어려워지는 지구와 새로운 행성에 관한 뉴스에 귀를 쫑긋 세웠다. 진이는 지구를 떠나는 것이 무섭고 두려우면서도 어느새 우주로 가는 방법을 검색하는 자신을 발견했다. 돈만 많이 있으면 (그것도 아주 많이!) 달이나 화성 여행을 갈 수 있고, 우주여행에 대한 정보는 인터넷에 꽤 많았다.

　진이는 아직 숫자 신호를 완벽하게 풀지는 못 했지만 일요일 아침에 일어나자마자 로디를 만나려고 숲으로 향했다. 연구소에 도착하자마자 로디가 달려 나왔다.

　"진아, 드디어 행성으로부터 답신이 왔어!"

　"정말? 그럼 통신이 된 거야? 뭐라고 왔어?"

"그런데 이번엔 문자나 숫자가 아니라 그림이야."

로디는 종이 한 장을 건넸다.

"이게 뭐지? 앞 장에는 점이 몇 개 찍혀 있고, 뒷장에는 선이 몇 개 있네."

진이는 종이를 높이 쳐들고 이리저리 살펴보았다. 그때, 충전이 필요했던 로디의 배에서 플래시가 켜졌고 그 순간 종이의 앞면과 뒷면이 겹쳐 보였다.

"잠깐, 로디. 이거 혹시 별자리 아냐? 과학 시간에 본 적이 있어."

"별자리? 검색해 보자."

로디는 별자리에 대해 빠르게 검색 결과를 소리 내어 읽었다.

"예부터 사람들은 밝은 별을 중심으로 가상의 선을 이어 동물, 물건의 이름을 붙여 별자리를 만들었고, 지구 공전에 따라 다양한 별자리를 볼 수 있으며……. 이 별자리는 처녀자리야!"

로디는 계속해서 처녀자리를 검색했다.

"12개 별자리 중 특히 처녀자리에는

200여 개의 은하가 한 무리를 이루는 거대한 은하단이 있고, 우리 은하계 밖과 이어지는 은하가 모여 있는 영역이며……."

'역시 내 예측이 맞았어.'

진이는 지난번에 로디에게 온 숫자 신호가 적힌 종이를 꺼냈다.

"로디, 처녀자리 은하단 위치를 검색해 줄래? 이 신호가 뭘 말하는지 알아낸 것 같아. 0과 1의 개수만큼 세어 보면 '12271243'이 되고, 이건 태양계에서 어느 한 위치를 나타내는 것 같아. 신호를 이진수로 보냈나 봐."

"처녀자리 은하단의 위치 검색 완료."

"지구로부터 1227억 1243만 킬로미터 거리에 처녀자리 은하단이 있어."

둘은 동시에 외쳤다.

*참고: 실제 처녀자리의 위치는 적경 12h 27미터, 적위 +12°43″입니다.

리나의 수첩

동영상 강의

20XX. 5. 15.

숫자와 글자뿐만 아니라 그림도 압축할 수 있다!

1. 화소의 개수와 저장 용량

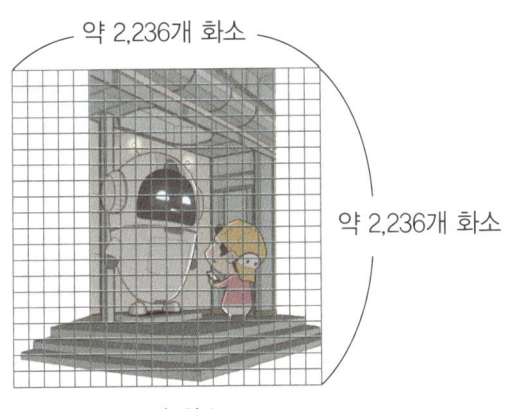

약 2,236개 화소
약 2,236개 화소
500만 화소
2,236 × 2,236 = 약 500만

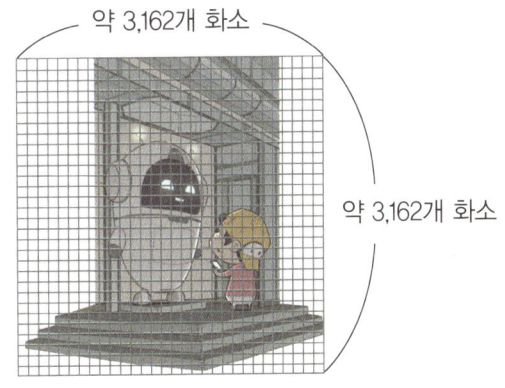

약 3,162개 화소
약 3,162개 화소
1,000만 화소
3,162 × 3,162 = 약 1,000만

 컴퓨터에서 보는 그림은 아주 작은 점들의 모임이고, 가장 작은 점 하나를 '픽셀' 또는 '화소'라고 한다.

 500만 화소라고 하면 이미지를 작은 사각형 500만 개로 나누었다는 뜻이고, 1,000만 화소는 이미지를 작은 사각형 1,000만 개로 나누었다는 뜻이다. 화소 수가 많을수록 그림을 더 잘게 나누어 표현하기 때문에 더 섬세하게 표현할 수 있다. 당연히 화소 수가 많을수록 저장 용량이 커진다.

2. 이미지 파일을 압축하는 이유

이미지는 해상도가 높을수록 숫자나 문자보다 용량이 훨씬 커진다. 따라서 저장 공간을 줄이려면 압축을 해야 한다. 그래야 컴퓨터나 스마트폰에 더 많은 이미지를 담을 수 있다. 또한 사진이나 이미지를 다른 기기로 전송할 때도 데이터가 덜 소모된다. 이미지 정보를 효과적으로 보관하고 공유하려면 이미지 압축이 꼭 필요하다.

3. 이미지 압축 원리

이미지에서 어느 한 점의 화소 값을 확인해 보면 그 주변도 비슷한 색상인 경우가 많다. 그래서 눈으로 쉽게 구별하지 못하는 범위에서 비슷한 색상을 한 가지 색으로 통일해 저장하면 이미지가 압축된다.

실제 모든 사물은 미세하게 다른, 아주 많은 색을 갖고 있다. 그래서 해상도가 높은 카메라로 찍은 다음, 모니터에서 확대해서 보려면 용량이 많이 필요하다. 이때 미세하게 다른 색을 한 가지 색으로 저장하면 이미지가 압축이 되면서 저장 용량이 줄어든다. 대신, 색의 종류가 줄었으니 선명하고 섬세한 이미지를 표현할 수 없다.

아래 사진을 보자. 고화질 사진은 미세하게 다른 색들을 모두 표현하기 때문에 경계가 자연스럽다. 그러나 압축을 많이 하여 용량을 줄일수록 그림을 표현하는 화소 수가 적기 때문에 색의 경계가 뚜렷하게 보인다.

①에서 ④로 갈수록 그림이 선명해지며 고화질이 된다.

4. 빛의 삼원색 RGB(RED, GREEN, BLUE)

모니터 화면에서 보는 이미지는 세 가지 색(빨강, 초록, 파랑)을 섞어서 만든다. 한 화소가 3바이트일 때 빨간색 1바이트, 초록색 1바이트, 파란색 1바이트로 색이 만들어진다. 1바이트는 8비트이므로 0~255까지 즉, 256단계까지 색 표현이 가능하다. 실제로 컴퓨터에서는 각각의 색을 이진수로 저장한다.

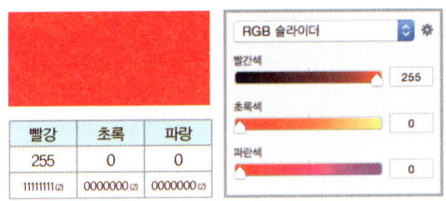
RGB(255, 0, 0)
초록색, 파란색이 없는 빨간색

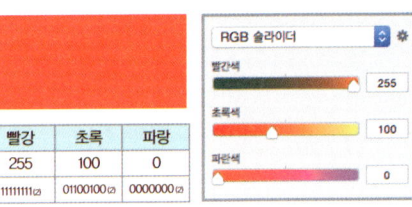
RGB(255, 100, 0)
초록색이 조금 섞인 연한 빨간색 = 주황색

빛은 세 가지 색을 모두 비추면
흰색이 된다.

양 박사님의 미션

◆ **그림을 압축해 봅시다.**

컴퓨터 모니터에서는 빨강, 초록, 파랑을 이용하여 모든 색깔을 표현합니다. 색을 최대한 적게 써서 색상환을 압축해 봅시다.

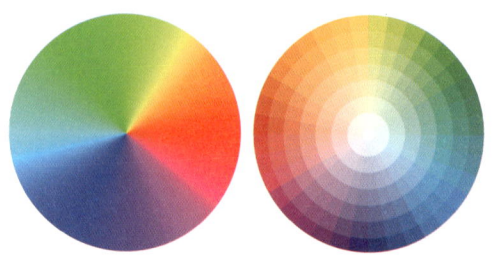

고화질에서 저화질 이미지 만들기

1. 미세하게 다른 모든 색을 표현한 색상환입니다. 고화질 색상환을 최대한 적은 수의 색연필로 색칠해 저화질 이미지로 만들어 봅시다.

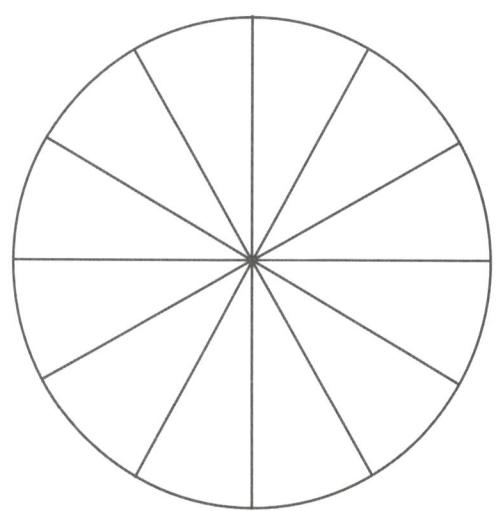

2. 고흐의 〈별이 빛나는 밤에〉라는 작품을 점묘화로 나타내 보았습니다. 여러분은 최소한의 색깔을 사용해 최대한 원작의 색감을 살려 '이미지 압축'을 해 봅시다. 점 하나하나가 컴퓨터에서 픽셀이라고 생각하면 됩니다. 여러분도 다음 〈보기〉처럼 몇 가지 색깔을 선택하여 그림을 색칠해 보세요.

<보기>

무엇을 보고 있나요?

우리 눈이 색을 인식할 때 빨간색, 초록색, 파란색에 반응하는 세포가 각각 달라요. 각각의 세포가 세 가지 색을 받아들이고, 이것을 혼합하여 다양한 색들을 볼 수 있도록 하지요. 컴퓨터에도 우리 눈과 비슷한 원리가 적용됩니다. 컴퓨터도 세 가지 색을 적절히 섞어서 다양한 색을 표현합니다.

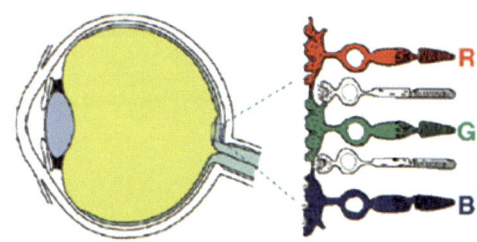

컴퓨터가 색을 보는 원리

컴퓨터로 공간을 표현할 때도 눈의 원리가 적용됩니다. 사람의 두 눈은 약 6센티미터 정도 떨어져 있어서 양쪽 눈이 인식하는 정보에 차이가 납니다. 두 눈으로 들어온 서로 다른 영상을 뇌가 분석하여 실제 공간의 거리감과 입체감을 느끼게 하지요. 이 원리를 적용시켜 만든 것이 바로 3D 영화입니다. 인간을 잘 탐구하고 컴퓨터 기술도 좋은 방향으로 이용하면 서로 많은 도움이 되겠지요?

셋.
새로운 행성을 향해

07 떠나요, 둘이서
_컴퓨터의 기본 원리 : 순차와 반복

08 아름다운 은하단
_컴퓨터의 검색 알고리즘 : 선형·해싱 검색

09 소행성 전투
_컴퓨터의 검색 알고리즘 : 이진 검색

 떠나요, 둘이서

"은하단으로 가는 좌표와 별자리 그림까지 우주선에 입력 완료!"

진이는 뿌듯한 얼굴로 우주선 조종석에서 막 나오려던 참이었다.

"삐비비비빅—."

"어, 갑자기 무슨 소리야?"

우주선에서 안내방송이 흘러나왔다.

"우주선이 곧 출발합니다. 십 분 안에 조종석에 안전하게 앉아 주십시오.'

"갑자기 왜 우주선이 떠나려고 하지?"

진이는 혹시나 자신이 버튼을 실수로 눌렀는지 이리저리 살펴보았다.

"별자리 그림과 은하단 좌표까지 입력하면 우주선이 떠나도록 양 박사님이 프로그래밍 해 놓았으니까. 아, 드디어 임무를 완수할 준비가

되었어. 가슴이 벅차오르네."

로디는 자신이 태어난 이유와 목적을 제대로 증명해 보이겠다는 듯이 말했다.

'로디가 가슴이 벅차오른다는 느낌을 알까? 아마도 지금 이 순간을 상상하며 양 박사님이 그런 표현을 로디에게 입력해 주신 거겠지? 양 박사님과 리나 누나가 있었더라면……. Y0828에 가면 두 사람을 만날 수 있을까?'

진이는 짧은 시간 동안 수만 가지 생각이 들었다. 그런 진이를 보고 로디는 간절한 눈빛을 보냈다.

"진이야, 네가 날 발견한 건 결코 우연이 아니야. 우리 함께 지구인들을 구하는 건 어때? 임무를 완성하려면 네 도움이 꼭 필요해."

진이는 대답은 않고 우주선에서 나와 연구실을 한 바퀴 둘러보았다. 리나가 오랫동안 연구하고 공부한 자료, 모든 인류를 구하겠다고 다짐한 메모와 일기장이 여러 군데 흩어져 있었다.

> 나는 반드시 Y0828을 찾아내
> 지구가 폭발하기 전, 모든 사람이 탈출할 수 있도록
> 안내서를 만들어 보내야 한다.

갑자기 사라진 양 박사님과 리나 누나의 책임감과 사명감, 그리고 인류애가 느껴졌다. 두 사람은 어디서 무엇을 하고 있는 걸까? 진이는 마지막으로 부모님과 전화 통화를 한 뒤 비장한 표정으로 우주선에 올라탔다. 조종석에 앉아 숨을 깊게 들이마셨다가 내쉬니 갑자기 모든 것이 달라 보였다. 해낼 수 있다는 자신감이 솟고 흥미진진한 일들이 펼쳐질 것 같은 예감이 들었다.

"그래, 내가 양 박사님과 리나 누나를 대신해 온 인류를 위해 제2의 지구를 발견하겠어! 로디, 앞으로 잘해 보자!"

'탑승 시간 종료. 안전벨트를 착용해 주십시오.'

"좋았어! 진짜 출발이다! 이야호~."

"그래, 출발이다. 아자, 아자! 헉. 진아, 그런데 나 우주선 조종하는 법을 몰라."

"으휴, 나도 조종법을 모르는데…… 우리 출발할 수 있을까?"

"음, 영화에서 본 것처럼 조종 화면에 명령어를 입력하면 되겠지?

리나의 수첩

동영상 강의

20XX. 7. 13.

1. 순서대로 차례대로, '순차'

"모든 일에는 순서가 있어."

양 박사님이 늘 입버릇처럼 하는 말이다. 컴퓨터는 명령을 내리면 순서대로 하나씩 빠르게 수행한다. 이때 명령하는 순서가 바뀌면 결과가 완전히 달라질 수 있다. 컴퓨터는 똑똑해서 여러 가지 일을 한 번에 다 처리하는 줄 알았는데 사실은 하나씩 일을 하는 거였다. 처리 속도가 빨라서 동시에 처리한다고 착각했다. 그러므로 컴퓨터나 로봇에게 일을 시킬 때, 무슨 일을 어떻게 해야 하는지 그 과정을 잘게 나누어서 입력해야 한다.

로봇에게 붕어빵 만들기를 명령해 보자. 다음 표와 같이 로봇에게 구체적으로 어떤 동작을 해야 하는지 프로그램을 짜서 입력해야 명령을 수행할 수 있다. 컴퓨터는 먼저 입력된 명령어를 완벽히 끝내지 않으면 그 다음 명령어를 실행할 수 없다. 그러므로 순서를 정할 때에는 어떤 일이 먼저인지 잘 생각해야 한다. 그렇지 않으면 팥이 없는 붕어빵을 먹어야 할지도 모른다.

①	가스 불을 켠다.	⑦	30초를 기다린다.
②	붕어빵 틀을 연다.	⑧	붕어빵 틀을 뒤집는다.
③	틀에 밀가루 반죽을 붓는다.	⑨	20초를 기다린다.
④	팥 앙금을 넣는다.	⑩	붕어빵 틀을 연다.
⑤	틀에 밀가루 반죽을 붓는다.	⑪	완성된 붕어빵을 꺼낸다.
⑥	붕어빵 틀을 닫는다.		

붕어빵 만들기 명령 순서

2. 반복, 반복, 반복

사람은 같은 일을 반복하는 것에 싫증을 낼 수 있지만, 컴퓨터는 반복적인 작업을 매우 정확하고 빠르게 한다. 뱃사공이 노를 오른쪽으로 10번, 왼쪽으로 10번씩 10회 반복해서 저어야 한다고 가정해 보자. 뱃사공이 지치면 노 젓는 세기가 달라질 것이다. 하지만 컴퓨터는 반복 명령을 하면 처음부터 끝까지 같은 동작을 수행한다.

컴퓨터가 노를 젓게 하기 위해 다음과 같은 명령어를 만들어 보았다. 같은 작업을 총 10번 반복하라고 명령했다. 하지만 계속 같은 명령을 반복해서 쓰는 일은 비효율적이다. 더 좋은 방법은 없을까?

오른쪽으로 10번 노 젓기
왼쪽으로 10번 노 젓기
오른쪽으로 10번 노 젓기
왼쪽으로 10번 노 젓기
오른쪽으로 10번 노 젓기
왼쪽으로 10번 노 젓기
오른쪽으로 10번 노 젓기
왼쪽으로 10번 노 젓기
오른쪽으로 10번 노 젓기
왼쪽으로 10번 노 젓기
오른쪽으로 10번 노 젓기
왼쪽으로 10번 노 젓기
오른쪽으로 10번 노 젓기
왼쪽으로 10번 노 젓기
오른쪽으로 10번 노 젓기
왼쪽으로 10번 노 젓기
오른쪽으로 10번 노 젓기
왼쪽으로 10번 노 젓기
오른쪽으로 10번 노 젓기
왼쪽으로 10번 노 젓기

명령어를 사용하여 노 젓기

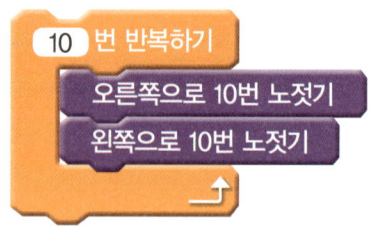

 '반복하기' 명령어를 만들었더니 명령어 3개로도 앞에서 했던 작업을 수행할 수 있게 되었다. 게다가 '몇 번' 반복할지 지정하게 되자 손쉽게 명령을 바꿀 수 있게 되었다. 이처럼 명령어가 많아지는 것을 줄이기 위해서 '반복문'을 활용하는 방법도 있다. 명령어를 적게 사용할 수 있어 효율적이다.

 그럼 이번에는 노 젓는 횟수도 바꿀 수 있도록 해 볼까? 오른쪽, 왼쪽 3번씩 노를 젓는 것을 총 77번 반복하게 하려면 어떻게 할까? 아니면 맘이 바뀌어서 한 번씩 999번을 저으라고 하고 싶을 때에는?

 이렇게 □□와 ○○를 만들어서 값을 지정해 주면 언제든지 원하는 횟수만큼 작업을 수행할 수 있다.

또 숫자를 넣어 횟수만큼 반복시키는 것이 아니라 '○○할 때까지'라는 '조건 반복'을 사용해서, '배가 부두에 닿을 때까지' 노를 저으라고 명령할 수도 있다.

이렇게 컴퓨터가 프로그램을 수행할 때 정해진 횟수, 또는 주어진 조건을 만족할 때까지 명령을 되풀이해 수행하는 것을 '반복'이라고 한다. 반복문을 잘 활용하면 명령어 개수를 줄이고 조건을 쉽게 바꿀 수 있게 효율적으로 프로그램을 짤 수 있다.

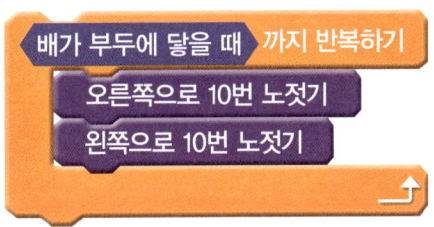

위에서는 스크래치라는 프로그램을 사용해서 간단하게 반복 명령어를 만들어 보았다.

자세한 내용은 스크래치 사이트(http://scratch.mit.edu)에서 볼 수 있다. 먼저 로그인을 한 다음 검색창에 '초능력보다 코딩 85쪽 예제'라고 입력한다. 그 다음 '스크립트 보기'를 클릭하면 된다.

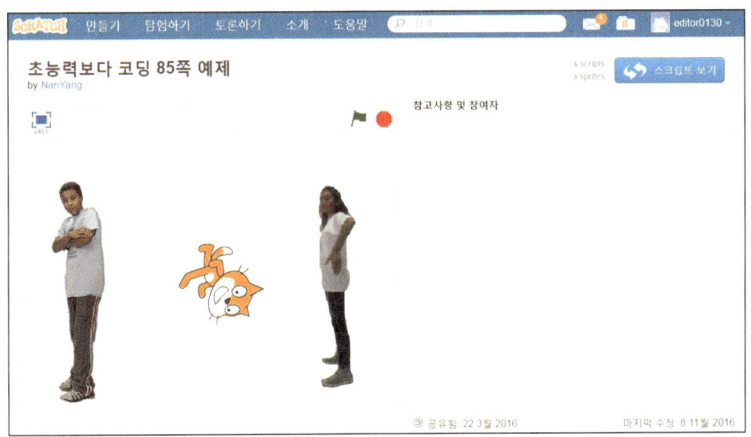

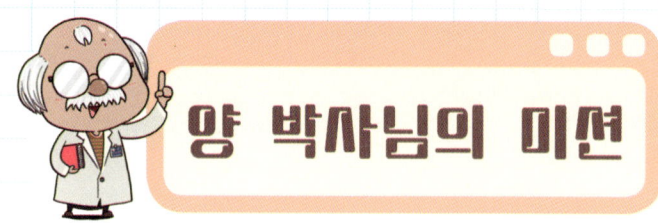

양 박사님의 미션

◆ 순차를 배울 수 있는 게임을 해 봅시다. 인공위성과 소행성을 피해서 우주선을 조종해야 합니다. 진이가 우주 정거장에 무사히 도착하도록 도와주세요.

준비물: 우주선 말, 명령어 카드 (부록 191쪽)

<보기>

우주선을 조종하기 위해 컴퓨터에게 명령을 내려 주세요. 명령어는 한 번에 5개까지만 처리할 수 있대요. 부록에서 화살표를 오려 쓰세요. 우주선 조종 모니터 칸이 모두 차면 화살표를 치우고 다시 명령하세요.

① 앞으로 한 칸 가기 →
② 오른쪽으로 90도 방향 바꾸기 ↱
③ 왼쪽으로 90도 방향 바꾸기 ↰

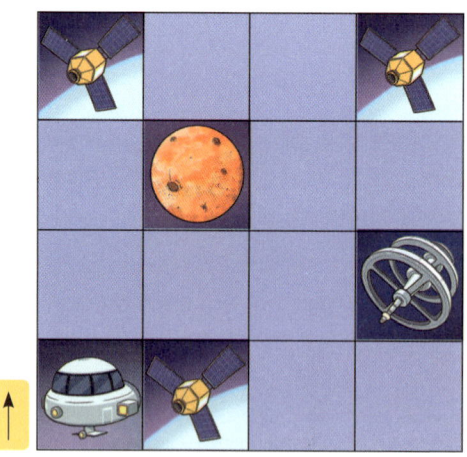

우주 정거장 도착

우주선 출발

우주선 조종 모니터				
명령어1	명령어2	명령어3	명령어4	명령어5
→	↱	→	→	→

1. 우주 정거장에 가장 빨리 도착하려면 어떻게 명령을 내려야 할까요? 친구들과 최단 거리를 찾아봅시다.

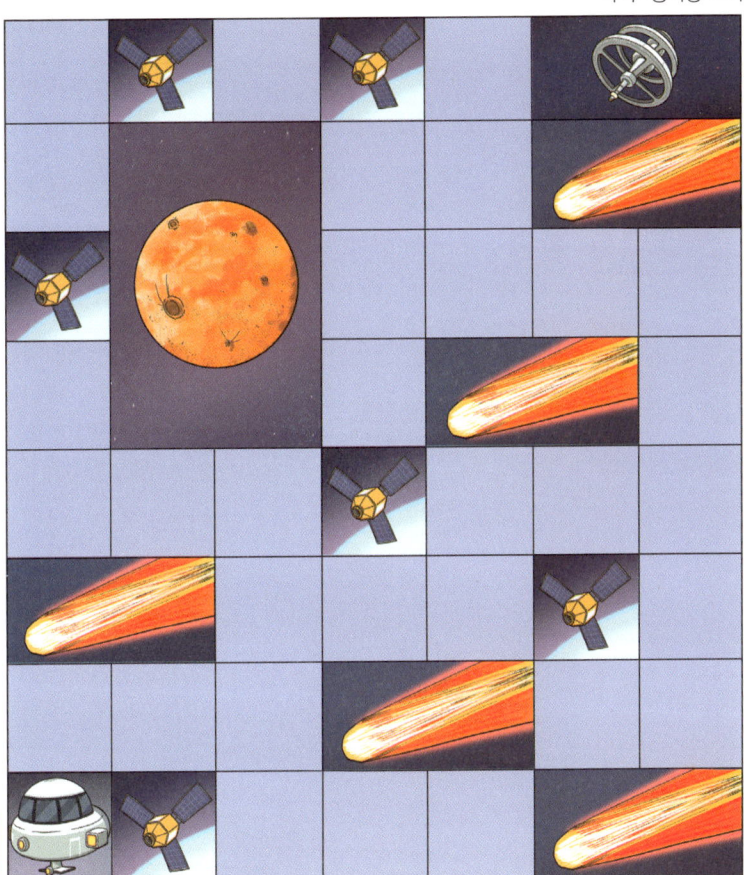

우주 정거장 도착

우주선 출발

우주선 조종 모니터				
명령어 1	명령어 2	명령어 3	명령어 4	명령어 5

더 궁금해!

재미있는 게임으로 순차와 반복을 배워요

'알고리즘'이란 말을 들어 본 적 있나요? 알고리즘이란 주어진 문제를 해결하기 위한 명령어 모임이라고 할 수 있어요. 앞에서 우주선을 조종해 정거장까지 가는 명령어 단계들을 순차적으로 연결해 보았어요. 이 알고리즘대로 컴퓨터가 작업을 처리하도록 명령을 내리는 것을 '프로그래밍'이라고 해요. 컴퓨터가 명령어를 읽는 방식은 '순서대로 차례차례 하나씩'이라는 거 알죠? 웹사이트나 애플리케이션에서 컴퓨터가 순차적으로 반복문과 조건문을 수행해서 목적을 달성하도록 하는 프로그래밍을 해 볼 수 있어요. 자, 게임을 통해 재미있게 프로그래밍을 해 봅시다.

1. 코드닷오알지: 캐릭터와 함께 하는 프로그래밍

여러분이 좋아하는 앵그리버드, 겨울 왕국의 캐릭터들과 함께 프로그래밍 언어를 배울 수 있어요. 미션을 완료하면 수료증까지 준다고 하니 한 번 도전해 보세요.

http://code.org

2. 라이트봇: 로봇과 함께 하는 프로그래밍

정해진 칸에 있는 로봇이 모두 불을 밝히면 성공하는 게임이에요. 라이트봇은 인터넷이나 스마트폰 애플리케이션으로도 해 볼 수 있어요.

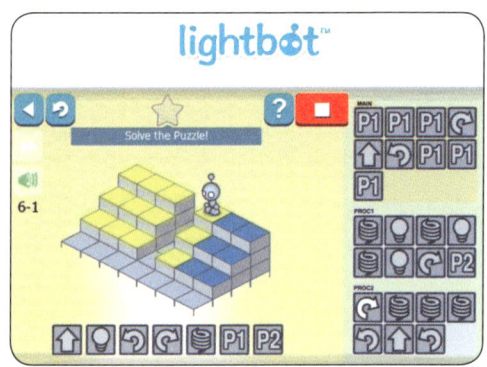

http://lightbot.com

3. 로보즐: 알고리즘을 연습하는 퍼즐 게임

로보즐은 별을 모두 먹으면 성공하는 퍼즐 게임이에요. 화살표를 화면 아래의 네모 칸에 입력하여 로봇을 움직입니다. 알고리즘을 이해하는 데 도움이 되는 게임이라 프로그래머들이 즐겨한다고 해요.

http://robozzle.com

08 아름다운 은하단

우주선이 대기권을 벗어나자 진이는 한참 동안 말없이 창문 밖을 바라보았다. 눈앞에 펼쳐진 우주 광경에 푹 빠진 거다.

'우주에서 내려다보는 지구는 표현할 수 없을 정도로 아름답구나……'

진이는 처음 며칠은 우주의 신비로움과 경이로움에 빠져들었다. 그러

나 곧 지루한 날이 반복되었다. 처녀자리 은하단으로 가는 길은 꽤 멀었다. 우주 여행자 두 명 중 한 명은 우주 멀미로 현기증과 구역질에 시달린다는데 다행히 진이는 아무렇지 않은 한 명에 속했다.

둘은 틈틈이 리나의 수첩으로 공부하고, 공놀이나 컴퓨터 게임을 하기도 했다. 로디는 진이가 심심하거나 우울해하지 않도록 함께 재미있게 놀아 주었다. 우주에서는 자꾸 쓰지 않으면 근육이 약해지기 때문에 진이는 운동을 열심히 해야 했다. 또 가끔은 음악을 듣고, 노래도 부르고, 춤도 추며 즐겁게 보냈다. 칼슘 영양제를 챙겨 먹는 것도 잊지 않았다. 우주여행을 할 때 몸에 칼슘이 부족해져 뼈가 약해지는 것을 막기 위해서다.

진이는 우주선 매뉴얼을 열심히 읽다가 지구와 통신하는 방법을 찾아냈다. 한 달 만에 엄마, 아빠에게 연락을 했고 그동안 있었던 일들을 이야기를 해 주었다. 아빠는 꼭 성공할 거라고 했지만 엄마는 울기만 했다. 그런 날이 계속되었고 몇 달이 흘렀는지 모른다. 엄마, 아빠와 보냈던 행복한 날들을 떠올리며 그림을 그리고 있던 진이를 향해 로디가 흥분해서 소리쳤다.

"진아! 우리 드디어 처녀자리 은하단 근처에 도착했어."

그때였다. 우주복을 입은 원숭이가 우주선 앞 유리에 붙어서 손을 흔들었다.

"으악! 뭐, 뭐야?"

"우주여행을 오래 했더니 헛것이 보이는 건가? 아니면 증강 현실✦?"

"원숭이가 왜 여기에 있는 거야?"

"설마! 로봇이겠지. 와! 근데 진짜 원숭이 같아!"

원숭이는 긴 팔을 벌려 처녀자리 은하단의 한쪽 끝을 가리켰다.

"저쪽으로 오라는 걸까?"

"고장 난 채 우주를 둥둥 떠다니는 로봇일 거야."

"우주 쓰레기 같은 건가?"

우주복을 입은 원숭이 로봇은 계속해서 한쪽을 가리키다 지쳤는지 어느 샌가 사라져 버렸다.

"자, 이 수많은 별 가운데 Y0828은 어디에 있을까?"

"아참 우리 행성으로부터 온 암호가 하나 더 있었잖아!"

"아, 완전 잊고 있었어! 그 논리 연산 암호 말이야."

"아, 외계에서 보냈던 두 번째 메시지!"

"논리 연산으로 풀었더니 답이 4120이었잖아."

"4120이 Y0828로 가는 단서임에 틀림없어."

"4120이 행성 나이일까? 4120만큼 빛난다는 걸까? 아니면 행성 크기?"

"혹시 행성의 반지름 아닐까?"

"만약 행성의 반지름이 맞다면 지구 반지름이 6,400킬로미터니까 지구보다 조금 작은 정도인데?"

"로디, 검색해 볼래?"

"이렇게 수많은 행성 가운데 반지름이 4,120킬로미터인 행성을 찾으라고? 우주선의 컴퓨터가 업데이트가 안 돼서 행성들의 반지름을 일일이 하나씩 검색해야 해."

"맙소사! 이러다 또 몇 주가 걸리는 거 아냐?"

"좋은 방법 없을까?"

◆**증강 현실** 사용자가 눈으로 보는 현실 세계에 가상 물체를 겹쳐 보여 주는 기술이에요.

동영상 강의

20XX. 8. 2.

예전부터, 많은 양의 데이터에서 원하는 정보만을 빠르게 찾아내는 작업은 컴퓨터의 필수 과제이자 의무였다. 전 우주적으로 정보량이 급속도로 증가하기에, 필요한 정보를 빨리 찾는 검색 기술은 여전히 사람들에게 연구 대상이다. 따라서 수많은 데이터를 검색해서 원하는 정보를 찾는 데이터 검색 방법을 아는 것이 매우 중요하다. 양 박사님은 기본적인 검색 방법 두 가지를 알려 주셨다.

1. 선형 검색

우주에 있는 행성들은 크기에 따라 순서대로 정렬되어 있는 것이 아니라 아무렇게나 흩어져 있다. 현재 상태로는 수많은 자료 중에서 우리가 원하는 정보를 찾으려면 모든 행성의 반지름을 하나하나 살펴보아야 한다. 컴퓨터에 있는 수많은 자료 가운데 하나를 찾기 위해 모든 자료를 앞에서부터 순차적으로 일일이 살펴보는 방법을 '선형 검색'이라고 한다.

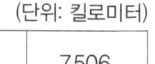

(단위: 킬로미터)

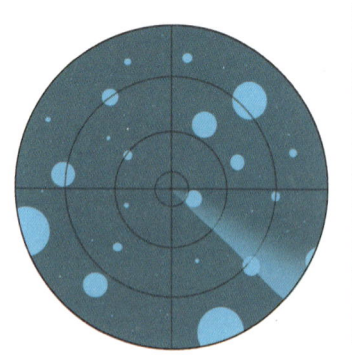

9,235	6,453	534	7,230	7,506
2,385	2,075	1,364	3,274	2,456
572	2,485	8,504	6,343	4,012
9,482	342	7,540	673	5,302
875	2,305	2,274	957	8,375

처녀자리 가까이에 있는 행성들의 반지름 크기

2. 해싱 검색

앞에서 설명한 선형 검색은 정보를 하나하나 살펴봐야 하기 때문에 시간이 오래 걸린다. 운이 좋으면 원하는 정보를 바로 찾겠지만 대개는 허탕 치기 일쑤다. 그래서 고안한 방법이 해싱 검색이다. 해싱 검색은 긴 숫자로 된 자료들을 짧은 숫자로 바꾸어 저장해 두었다가 검색하는 방법이다. 이 방법을 쓰면 훨씬 더 검색이 효율적이다.

해싱(hashing) 검색에서 '해쉬(hash)'는 고기와 감자 등을 잘게 다져서 만든 요리라는 뜻이다. 그러니까 해싱 검색은 재료들(데이터)을 잘게 다져서(나누어서) 먹기 편한 음식(찾기 쉬운 짧은 숫자)으로 만드는 과정이라고 할 수 있다. 검색할 데이터 양이 많을 때 빨리 찾을 수 있도록 하는 데이터 관리 기법이다.

예를 들어 반지름이 다른 10개 행성이 있다고 해 보자. 행성들마다 각 자리 수를 더한 다음, 일의 자리 수가 같은 것끼리 분류해 보았다. 이렇게 저장해 두면 나중에 검색할 때 쉽게 찾을 수 있다. 반지름이 5,302킬로미터인 행성을 찾으려면, 각 자리 수를 더한 값이 5+3+0+2=10이므로 일의 자리 수가 0인 그룹에서 5,302를 찾으면 더 빨리 검색할 수 있다. 컴퓨터 프로그래머는 데이터를 순서대로 저장해야만 할 때를 빼고는 대부분 데이터 검색에 여러 가지 해싱 전략을 쓴다.

(단위: 킬로미터)

반지름 각 자리 수를 더한 값의 일의 자리	0	1	2	3	4	5	6	7	8	9
행성 반지름	5,302	957	534	9,482	2,075	2,274	3,274	2,456	6,453	9,235
	875		7,230	8,375	1,364		6,343	8,504	7,506	2,485
	2,305				572		7,540	4,012	2,385	342
							673			

해싱 검색으로 분류한 행성들의 반지름

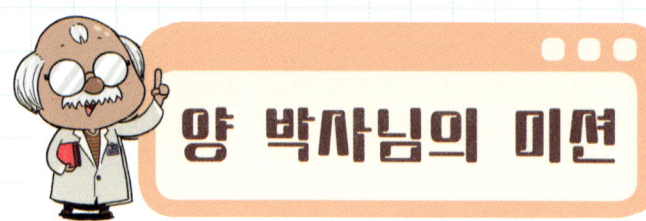

◆ 게임을 통해 선형 검색과 해싱 검색을 배워 봅시다.

행성 반지름만 알고 있을 때, 행성 이름을 얼마나 빨리 알아맞힐 수 있는지 친구와 검색 게임을 해 봅시다.

준비물: 선형 검색·해싱 검색 질문지 (부록 193~199쪽)

1. 선형 검색 게임을 해 보세요.

① 부록에 있는 〈선형 검색 게임〉 질문지 A, B를 오려 내어 두 명이 한 장씩 나누어 가집니다.
② 행성 한 개를 선택하고, 상대에게 행성의 반지름 숫자를 말해 줍니다.
③ 반지름 숫자만으로 상대가 정한 행성 이름을 빨리 맞히는 사람이 이깁니다.
(질문할 때마다 바를 정(正) 자로 질문한 횟수를 표시하세요.)

〈보기〉

> A: 반지름이 207킬로미터인 행성 이름이 뭐게?
> B: 희야행성?
> A: 아니야. 희야행성은 1,105킬로미터야.
> B: 그럼 초롱행성?
> A: 아니야.
> B: 그럼 나래행성이야?
> A: 정답! 3번 만에 맞혔어. 그럼 이제 내가 문제 낼게.

2. 해싱 검색 게임을 해 보세요.

0	1	2	3	4	5	6	7	8	9
3917 팬지행성		7843 가람행성	788 초롱행성			3977 샛별행성	4021 한빛행성		298 백합행성
2873 하나행성		5520 장미행성	4603 진주행성			5326 해미행성	1105 희야행성		207 나래행성
		8022 수정행성	4612 목련행성			6640 백옥행성			
						2284 우리행성			

① 부록에 있는 〈해싱 검색 게임〉 질문지를 오려 내어 두 명이 한 장씩 나누어 가지고, 자신이 선택한 행성 반지름 크기를 말해 줍니다.

② 이번 게임에서는 0에서 9까지 나누어진 칸에서 행성을 찾습니다. 행성 반지름의 각 숫자를 더한 수에서 일의 자리 숫자 칸에 행성이 위치하고 있습니다.

<보기>

A : 반지름이 3,917킬로미터인 행성 이름이 뭐게?
B : '3+9+1+7=20'이니까 0번 줄에 있는 팬지행성, 하나행성 중 하나겠네?
A : 응. 둘 중 하나야.
B : 팬지행성?
A : 오, 정답이야.

3. 선형 검색 게임과 해싱 검색 게임에서 몇 번 만에 정답을 맞혔나요?

4. 두 가지 검색 방법 중 무엇이 빨랐나요? 왜 그런가요?

더 궁금해!

구글은 어떤 검색 방법을 이용할까?

세계적인 검색 사이트 구글은 사람들이 검색하는 정보를 어떻게 찾아 줄까요? 2013년 구글 검색 엔진으로 '허밍버드'라는 모델을 발표해 눈길을 끌었어요. 그 전까지의 검색 방식에서 한 단계 진화한 모습을 보여 주었기 때문이죠.

검색 사이트 구글

예를 들어, '갑자기 배가 몹시 아픈데 어떤 약을 먹어야 하나?'라고 검색했다고 합시다. 지금까지는 대부분 검색창에 '복통약'처럼 단어를 중심으로 검색했어요. 그럼 검색 엔진은 '복통', '약' 이렇게 단어를 분리한 다음, 각각 검색해서 찾은 정보를 키워드 검색 횟수에 따라 적당한 검색 결과에 맞게 찾아 주었지요. 즉, 기존에는 검색 키워드를 중심으로 관련 자료들을 검색했던 거죠. 그러다보니 사람들이 정말 알고자 하는 질문에 대한 대답이 아닐 때도 많았지요.

반면 구글의 허밍버드는 한 단계 진화해서 사람이 던지는 질문과 비슷한, 자연어 검색에 가까운 방법으로 자료를 찾아 줘요. '자연어'란 인간이 쓰는 언어라는 뜻이에요. '배가 아플 때 어떤 약을 먹어야 할까?'라고 검색창에 써도 검색 엔진이 사람처럼 이해하는 거예요. 이 질문에서 '약'을 중요 단어로 인식하고 증상에 따른 약이나 처방전 없이 살 수 있는 약의 목록을 찾아 주는 것이죠. 또는 가장 신뢰 있고 권위가 있는 약국이나 근처 병원의 홈페이지 주소를 검색 결과 맨 위에 보여 줍니다.

단순히 여러 단어를 조합해 가장 많이 연관된 것이 아니라 문장의 개념을

구글 검색창

정확히 이해하고 그와 관련된 정보를 찾아 준답니다.

구글은 이 허밍버드의 검색 기능을 더욱 향상시켜 2015년에 '랭크브레인'(RankBrain)이라는 기술을 발표했어요.

만약 단 한 번도 검색된 적이 없는 키워드에 대해서 구글은 어떤 정보를 보여 줄까요? 실제로 매일 구글에서 검색되는 키워드 중 약 15퍼센트는 검색된 적이 없는 내용이라고 해요. 그래서 그에 대한 검색 결과를 보여 주기 위해 인공지능을 사용합니다. 랭크브레인은 이전에 검색된 적이 없는 키워드가 입력되면, 인공지능이 해당 단어나 문장과 비슷한 의미를 찾아내어 검색 결과를 보여 준다고 해요.

소행성 전투

"찾았어. 앗! 그런데 행성 앞에 바로 국제 우주 정거장 515호가 있네?"

"연료도 다 떨어져 가는데 들렀다가 가자."

가까이 가니 우주 정거장 515호에서 색색깔 레이저가 뿜어져 나왔다. 레이저쇼에서 보던 것처럼 회전하고 깜빡이며 진이와 로디의 우주선을 환영하는 듯했다.

국제 우주 정거장 515호 앞으로 다가가자 문이 열리고 계단이 내려왔다. 진이와 로디는 조심스레 안으로 들어갔다. 저 멀리서 청바지에 색깔이 알록달록한 티셔츠를 입은 긴 금발머리 아저씨가 헤드폰을 낀 채 공중을 헤엄치듯 마중을 나왔다.

"엄마야~."

"오우, 헬로우! 웰컴, 웰컴, 웰컴 투 마이 홈! 프랜즈(우리 집에 온 걸 환영해~ 친구들)."

파란 눈을 가진 아저씨가 두 팔을 벌리고 웃으며 인사했다.

"헤, 헬로우~ 지구와 너무 떨어진 곳이라 당연히 무인 국제 우주 정거장일 줄 알았는데. 휴, 놀래라."

"음…… 유 머스트 비 어 코리언. 롸잇(음…… 넌 한국인 같은데. 맞지)?"

아저씨는 손목에 차고 있던 시계에서 언어 자동 번역기를 켰다.

"안녕, 애들아! 무지 반갑다! 난 DJ 찰리라고 해. 그리고 이 녀석은 알프레드."

아저씨 등 뒤에서 아까 봤던 원숭이가 나오더니 빠르게 머리 위로 올라가 영어로 인사를 했다.

"헬로우, 프랜즈(안녕, 친구들)."

알프레드는 뭐가 그리 신났는지 휘파람을 불며 방방 뛰어다녔다.

"헉, 진짜 원숭이였잖아! 아, 안녕하세요? 저는 한국에서 제2의 지구, Y0828을

찾으러 온 진이라고 해요."

아저씨는 진이에게 격하게 포옹을 하고 뺨을 비볐다. 수염이 까끌까끌했지만 진이는 오랜만에 따뜻한 사람의 체온을 느끼는 게 좋았다.

"하하하, Y0828? 우주 전문 여행가 DJ 찰리가 모르는 별도 있단 말이지?"

"지구 시간으로 한 달 뒤에 소행성이 지구와 충돌해요. 그 전에 Y0828을 찾아 사람들이 피할 수 있도록 도와야 해요."

진이와 로디는 번갈아가며 지구에 닥친 문제를 이야기해 주었다. 자신들이 왜 이 먼 우주를 여행하고 있는지에 대해서도. 그러자 찰리 아저씨는 진지한 얼굴로 무엇이든 도와주겠다고 했다.

"그런데 아저씨는 뭐 하는 사람이에요? 여기 사시는 거예요?"

"난 우주를 여행하며 후대에 우주의 아름다움을 널리 알리기 위해 그림을 그리고 글을 쓴단다. 그러다 일 년 전부터는 이곳에서 살고 있어. 처녀자리 근처가 넓은 은하단이 펼쳐진 곳이라 전망이 정말 좋거든! 영감이 팍팍 떠오르지."

오랜만에 사람을 만난 찰리와 진이는 쉴 새 없이 수다를 떨었다. 찰리 아저씨는 몇 년간 지구 소식을 모르고 지냈다고 했다. 우주 정거장 이곳저곳을 구경하던 진이는 이곳에 온 목적을 다시 생각해냈다.

"아참! 아저씨, 우리 우주선에 연료가 떨어졌는데 충전하는 것 좀 도와주세요."

아저씨는 다시 한 번 언어 자동 번역기를 눌렀다.

"알프레드~! @$%$#&^%$@$#^"

"알프레드가 충전해 줄 거야. 우린 식당으로 가서 포도당 알약을 먹어 보자고. 특별히 귀한 꼬마 손님이라 주는 거야."

아저씨는 우주 과학 연구소에서 우주선을 연구하다 우주에 반해서 홀로 여행을 왔다고 했다. 그래서 우주에 대해 모르는 게 없었다. 아저씨는 '4120'이 행성의 반지름이 아니라 웜홀✦ 입구의 반지름이라고 했다. 아마 Y0828로 가는 지름길일 거라고도. 또 혹시나 소행성들이 덮칠 것을 대비해 우주선에 미사일을 장착해 주었다. 진이네 우주선은 탐사선이라 무기가 없었기 때문이다. 마지막으로 잠도 안 자고는 로디를 업그레이드해 주었다. 이제 다시 떠날 시간이 되었다.

알프레드는 우주복을 입고 오랜 시간을 배웅해 주었다. 알프레드와 진이는 눈에 눈물이 맺혔다.

국제 우주 정거장 515호를 떠난 지 얼마 되지 않아 우주선이 기우뚱거렸다. 아저씨 말이 맞았다. 소행성 무리가 빠른 속도로 우주선을 향해 돌진했다.

"으악, 우주선이 흔들린다."

진이는 조종석 머리 위에 있는 손잡이를 꼭 잡고 말했다.

"빨리 자리에 앉아서 안전벨트 매, 진아. 피해 가기에는 소행성들이 너무 빨라. 미사일을 준비할게."

✦**웜홀** 서로 다른 두 시공간을 잇는 구멍이나 통로. 즉 우주 공간의 지름길이에요.

"좋았어! 로디!"

'운석 크기에 적합한 미사일을 찾는 것이 가장 중요해!'

진이는 찰리 아저씨가 귓속말을 하는 것 같았다.

'운석이 작은데 큰 미사일을 쏘면, 너무 크게 폭발해서 우주선이 오히려 더 큰 피해를 볼 수 있다. 또 운석이 큰데 작은 미사일을 쏘면 운석을 폭발시키지 못하고 그대로 우주선과 충돌하게 될 수 있다.'

"운석에 따라 크기가 다른 미사일을 빨리 찾아야 해. 시간이 없어."

"우선 운석 크기 파악부터 하라고. 거기에 맞는 미사일은 내가 찾을 테니까! 이 형님한테 맡기셔."

"아이고 급하다, 급해. 검색 완료!"

"다행이다. 미사일은 무거운 순서부터 차례로 정리되어 있어. 자 그럼 지금부터 소행성 격파 시작이다!"

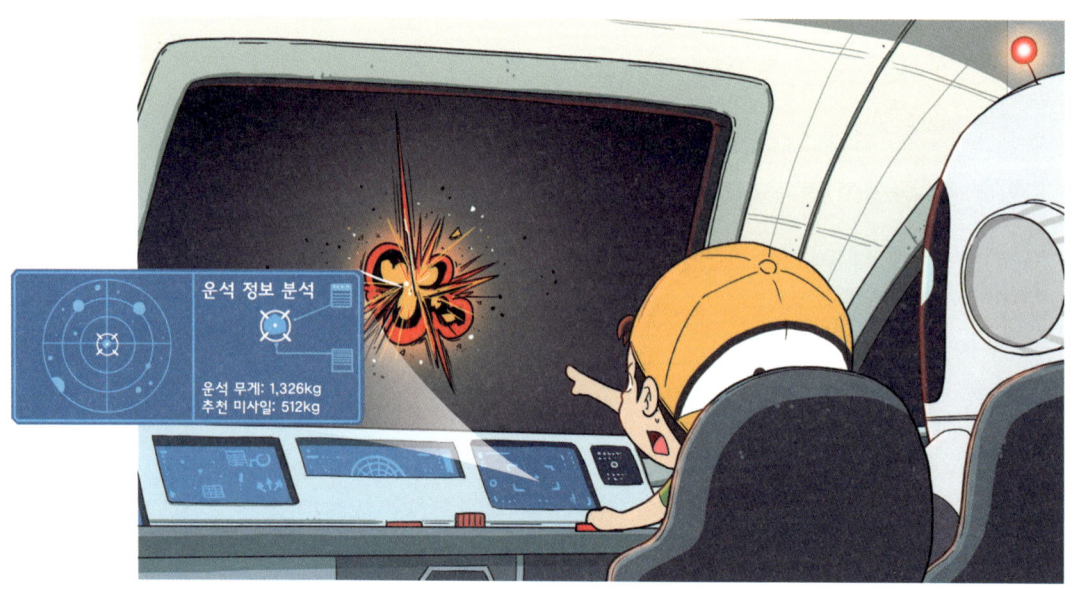

리나의 수첩

동영상 강의

20XX. 8. 17.

수많은 자료 중 원하는 자료를 찾는 검색 방법에 대해 생각해 보자. 처음부터 하나 하나 확인하는 방법은 단점이 많다. 10억 개의 자료 가운데 찾으려는 하는 자료가 운이 나쁘게도 맨 마지막에 있으면 시간이 정말 오래 걸릴 것이다. 그러니까 좀 더 효율적인 검색 방법이 필요하다.

1. 이진 검색

이진 검색은 자료가 순서대로 정렬되어 있을 때 쓰는 방법이다. 반씩 잘라가며 중앙값을 기준으로 목표 값이 있는 부분을 선택하며 자료를 찾으면 된다.

예를 들어 오름차순으로 정리된 책장에서 92번 책을 찾으려고 한다. 이때 이진 검색을 하면 4번 만에 찾을 수 있다. 순차 검색을 이용하면 13번 만에 찾을 것이다.

이처럼 이진 검색은 컴퓨터에 정보들이 순서대로 정리되어 있을 때 아주 편리하게 사용할 수 있다.

운동장에 전교생이 번호대로 쭉 서 있다고 생각해 볼까? 선생님이 누구 한 명을 찾고 싶은데 얼굴은 모르지만 번호만 안다고 해 보자. 선생님은 그 번호가 있을 것으로 예상되는 곳에 가서 학생에게 물어볼 것이다. 만약 찾으려는 학생의 번호가 아니라면 그 학생의 앞뒤로 어디로 가야 할지 계속해서 비교해 나간다. 그러면 찾으려는 번호의 학생을 찾게 될 것이다.

도서관에서 책을 찾을 때도 마찬가지이다. 도서관 홈페이지에서 검색하여 책의 고유 번호를 알았다고 해 보자. 그런데 책이 어느 책꽂이에 있는지 알 수 없다. 그럴 때는 처음부터 책 번호를 비교할 것이 아니라, 중간 정도의 서가에 가서 몇 번 대의 책들이 있는지 보고 점점 범위를 좁혀 가면 책을 훨씬 빨리 찾을 수 있다. 이런 방식이 바로 이진 검색이다. 이진 검색은 평소에 늘 접할 수 있는 검색 방법이었던 것이다.

2. 각 검색 방법의 특징

선형 검색은 매우 느리다. 예를 들어, 슈퍼마켓에 상품이 10,000개 있다고 가정해 보자. 계산대에서 바코드로 상품을 스캔하면 컴퓨터는 그 바코드에 맞는 상품 이름과 가격을 찾기 위해 최악의 경우 10,000번을 확인해야 한다.

〈잠깐!〉 오름차순 정렬과 내림차순 정렬

일정한 순서에 따라 정리된 목록은 필요한 정보를 어디서 찾아야 할지 정확하게 알 수 있게 도와줍니다. 그래서 컴퓨터 프로그래머들은 데이터를 일정한 규칙에 따라 재배열하는 정렬 알고리즘을 씁니다. 15, 11, 1, 3, 8이라는 데이터가 있을 경우 1, 3, 8, 11, 15와 같이 작은 수부터 큰 수로 나열하는 것을 '오름차순 정렬'이라고 합니다. 이와 반대로 15, 11, 8, 3, 1로 나열하는 것을 '내림차순 정렬'이라고 합니다.

이진 검색은 차례로 정렬되어 있어야 한다. 나열된 목록의 중간을 확인하면 찾고자 하는 것이 어떤 쪽 범위에 있는지 알 수 있다. 컴퓨터는 이 작업을 스캔한 상품이 발견될 때까지 계속해서 반복한다. 슈퍼마켓에 있는 상품이 10,000개인 경우, 최대 14번 만에 원하는 상품을 찾을 수 있다. 이진 검색은 순서대로 정리된 경우에만 사용할 수 있다.

해싱 검색은 다른 두 전략보다 일반적으로 빠르다. 하지만 때에 따라선 느릴 수도 있다. 찾고자 하는 상품이 분류된 줄에 다른 상품들이 많고, 또 가장 아래에 있으면 선형 검색만큼 느릴 수 있다.

양 박사님의 미션

◆ 운석 크기에 맞는 미사일을 이진 검색으로 빠르게 찾아봅시다.

우주선의 레이더가 포착한 운석 무게에 알맞은 미사일을 발사시켜야 합니다. 친구와 미사일 세트를 하나씩 나누어 갖고 내가 찾는 미사일이 어디에 있는지, 몇 번만에 맞힐 수 있는지 확인해 봅시다.

준비물 : 미사일 카드 15장 (부록 201쪽)

① 미사일 카드를 오름차순이나 내림차순으로 정렬하고, 숫자가 보이지 않게 뒤집습니다.

오름차순으로 정리하기

내림차순으로 정리하기

② 정렬된 15개 미사일을 이진 검색을 통해 하나씩 뒤집어 보며 미사일을 찾습니다.

<보기>

312킬로그램짜리 미사일 찾아보기

① 한가운데에 있는 미사일 카드 뒤집기. '497'을 확인해요.

② 오름차순으로 정렬했다면 497을 기준으로 왼쪽에 있는 미사일 중 가운데에 있는 미사일 카드를 뒤집어요. '287'을 확인해요.

③ 다음으로 497과 287의 한가운데에 있는 미사일 카드를 뒤집어요. '376'을 확인해요.
④ '287'과 '376' 사이에 남은 미사일은 바로 '312'이다. 4번만에 검색 완료!

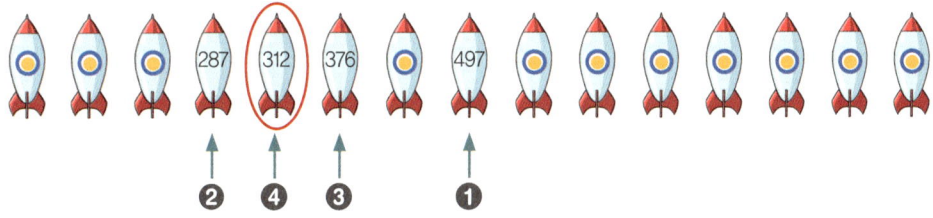

1. 우주선 컴퓨터가 제시한 추천 미사일을 이진 검색으로 찾아 주세요. 미사일 카드를 몇 장 뒤집어서 추천 미사일을 찾았나요?

①

운석 정보 분석
운석 무게: 1,326kg
추천 미사일: 512kg

검색 횟수: _____

②

운석 정보 분석
운석 무게: 250kg
추천 미사일: 73kg

검색 횟수: _____

2. 미사일 개수가 2배로 늘어나 30개가 된다면, 추천 미사일을 몇 번 만에 찾을 수 있을까요? (직접 미사일 카드 개수를 늘려서 확인해 봐도 좋아요.)

_____ 번

더 궁금해!

페이스북은 내가 좋아하는 것을 어떻게 알까요?

페이스북은 수많은 글 중에서 각 개인이 관심 있어 할 소식들을 어떻게 알고 보여 주는 걸까요? 여기에는 특별한 점수 계산법이 적용된다고 해요. 사람들이 올린 글을 여러 항목으로 점수를 매겨 결과 값이 높은 순서대로 보여 주는 것이지요. 사람마다 다른 관심사를 정확하게 파악하기 위해 이전에 했던 활동, 예를 들어 좋아요 수, 공유하기 수 등이 평가 기준이 된다고 해요. 그러다 보니 최신 뉴스보다는 며칠 전에 올라온 글이라도 각자의 관심에 맞는 뉴스가 위쪽에 올라오게 되는 것이지요.

페이스북이 게시물 순서를 정하는 점수 기준	
반응 점수	글을 본 사람들이 어떤 반응을 했느냐에 따라 점수를 계산한다.
작성자 점수	전에 쓴 글이 어떤 반응을 얻었는지에 따라 점수를 계산한다.
상호작용 점수	내가 최근에 '좋아요'를 누르거나 댓글을 쓴 게시물 50개를 분석한다. 상호 작용한 횟수가 많은 이용자 순위를 매겨 그 사람들의 게시물에 더 높은 점수를 매긴다.

정보를 검색할 때 해시를 이용하면 원하는 내용을 찾아볼 수도 있어요. 해시 검색은 '#'(영어권에서는 '샵'을 '해시'라고 읽어요.) 뒤에 특정한 주제나 내용을 담은 글을 적어 두었다가 검색에 이용하는 방법이에요. '#' 뒤에 검색할 단어를 붙이면 돼요. 특정 키워드를 이용하는 것이 해싱 검색과 비슷하죠?

필요한 정보를 검색하려면 컴퓨터를 이해해야 합니다. 더 나아가 '의미' 있는 정보를 찾으려면 사람들의 행동 패턴을 분석해 검색 원리에 반영해야 합니다. 그래서 프로그래머는 컴퓨터를 이해하는 것만큼이나 인간을 이해하려고 노력한답니다.

넷.
웜홀에서의 고난

10 분해된 우주선 조립
_컴퓨터의 정렬 알고리즘 : 버블·삽입 정렬

11 웜홀 궤도 분석
_컴퓨터의 정보 처리 : 정렬망

12 화이트홀 출구 연결
_문제 해결 전략 : 효율적인 길 찾기

 분해된 우주선 조립

소행성을 무사히 빠져나온 우주선이 반지름 크기가 4,120킬로미터인 웜홀 근처에 다가갔다. 웜홀은 기다렸다는 듯이 순식간에 우주선을 삼켜 버렸다.

"로디, 우리 웜홀에서 영영 못 나오는 건 아니겠지?"

"에이, 설마."

"제발 Y0828로 가는 지름길이 맞기를……."

어두운 공간, 앞을 밝히던 우주선의 헤드라이트가 깜빡거리다 꺼졌다.

"로디, 헤드라이트가 왜 꺼진 거지?"

"모르겠어. 뭐가 뭔지 하나도 안 보이네."

한동안 조용했다. 아무런 움직임도 느껴지지 않았다.

"잠자코 기다리는 수밖에 없을 것 같은데……."

진이는 DJ 찰리 아저씨가 헤어지면서 자신이 작곡한 음악이라며 USB를 주머니 속에 넣어 준 게 생각났다. 어둠 속에서 더듬어 로디에게 USB를 건넸다. 음악이 흘러나오니 마음이 조금 진정되었다. 아저씨의 노래들은 가만히 마음을 감싸 안아주는 것처럼 평온하고 잔잔했다. 아저씨가 본 우주 풍경이 펼쳐지는 것 같았다.

그러다 다시 불이 켜졌다. 이번에는 우주선이 엄청나게 흔들렸다. 우주선에서 부품이 하나 둘 떨어지기 시작했다. 찰리 아저씨와 함께 찍은 사진도 떨어졌다.

"으아아아아아악—."

"제발 무사히 통과해라, 제발—!"

진이는 우주를 향해 계속 기도했다.

몇 분이나 지났을까. 다시 우주선 안이 고요해졌다.

'우주선 점검중'이라는 글

씨가 모니터에서 깜빡거렸다.

"큰일 났어. 진이야! 아까 웜홀에 들어올 때 소용돌이 때문에 우주선 CPU◆에 연결된 메모리가 떨어져 나왔어. 우주선이 지금 제대로 작동이 안 돼."

"맙소사. 지금 우리 웜홀 한가운데에 멈춰 있는 거야? 메모리를 끼워야 우주선이 제대로 작동할 텐데. 어쩌지?"

진이와 로디는 우주선 매뉴얼을 다시 한 번 읽어 보았다.

"CPU의 주기억장치 메모리 크기 순서대로 정렬하면 된다."

"메모리 크기별로 나열하면 되는 거지?"

"흠……. 자동 측정 시스템 같은 건 우주선 안에 없어?"

"지금 상태로는 슈퍼컴퓨터의 도움을 받기는 힘들 것 같아. 메모리 크기를 비교할 수 있는 소형 컴퓨터를 써야 해."

"소형 컴퓨터 안에 메모리 두 개를 동시에 넣으면 어떤 것이 더 큰지 판별해 주니까 이걸로 정렬하면 되겠다!"

◆CPU 중앙처리장치. 컴퓨터의 두뇌라고 할 수 있어요. 명령어를 읽고, 데이터를 처리해요.

리나의 수첩

동영상 강의

20XX. 9. 10.

　오늘은 양 박사님이 순차 정렬에 대해 알려 주셨다. 순차 정렬은 숫자 크기나 가나다 순서처럼 어떤 규칙에 따라 대상을 나열하는 것이다. 학교를 예로 들면 교실은 복도에 1, 2, 3반 순서로 줄지어 있고, 출석부는 가나다순으로 학생마다 번호를 매긴다.
　그런데 만약 이런 기준이 흐트러지면 어떻게 될까? 1반 옆에 5반, 그 옆에 2반 이렇게 마구잡이로 반이 흩어져 있다면 교실을 찾기가 어려워진다. 또 출석부에 학생 이름이 아무렇게나 써 있다면 특정한 학생 이름을 찾는 데 시간이 오래 걸린다.
　마찬가지로 컴퓨터도 자료를 쉽고 빠르게 추가, 검색하고, 삭제하기 위해서는 정렬을 하는 것이 매우 중요하다. 가장 기본이 되는 것이 바로 순차 정렬이다. 많은 수학자와 프로그래머가 복잡한 데이터를 순차 정렬하기 위해 갖가지 알고리즘을 만든다.
　양 박사님은 그중 첫 번째 단계로 간단히 하나씩 비교해 가며 정렬하는 방법에 대해 알려 주셨다.

1. 버블 정렬

　버블은 영어로 거품을 뜻한다. 버블 정렬은 가장 가벼운 것이 위로 올라가는 거품의 움직임과 비슷하다고 하여 붙여진 이름이다. 먼저 숫자를 나열하기 전에 기준을 정한다. 작은 수에서 큰 수(오름차순) 또는 큰 수에서 작은 수(내림차순) 순서로 정리할 수 있다. 그런 다음 맨 왼쪽에서부터 이웃한 두 숫자를 비교하여 기준에 따라 자리를 바꾼다. 다음은 두 번째와 세 번째 자리 숫자를 비교한다. 이렇게 해서 마지막 자리 숫자까지 비교하면 된다.
　다음은 버블 정렬 방식으로 숫자 4개를 오름차순으로 정렬하는 과정이다.

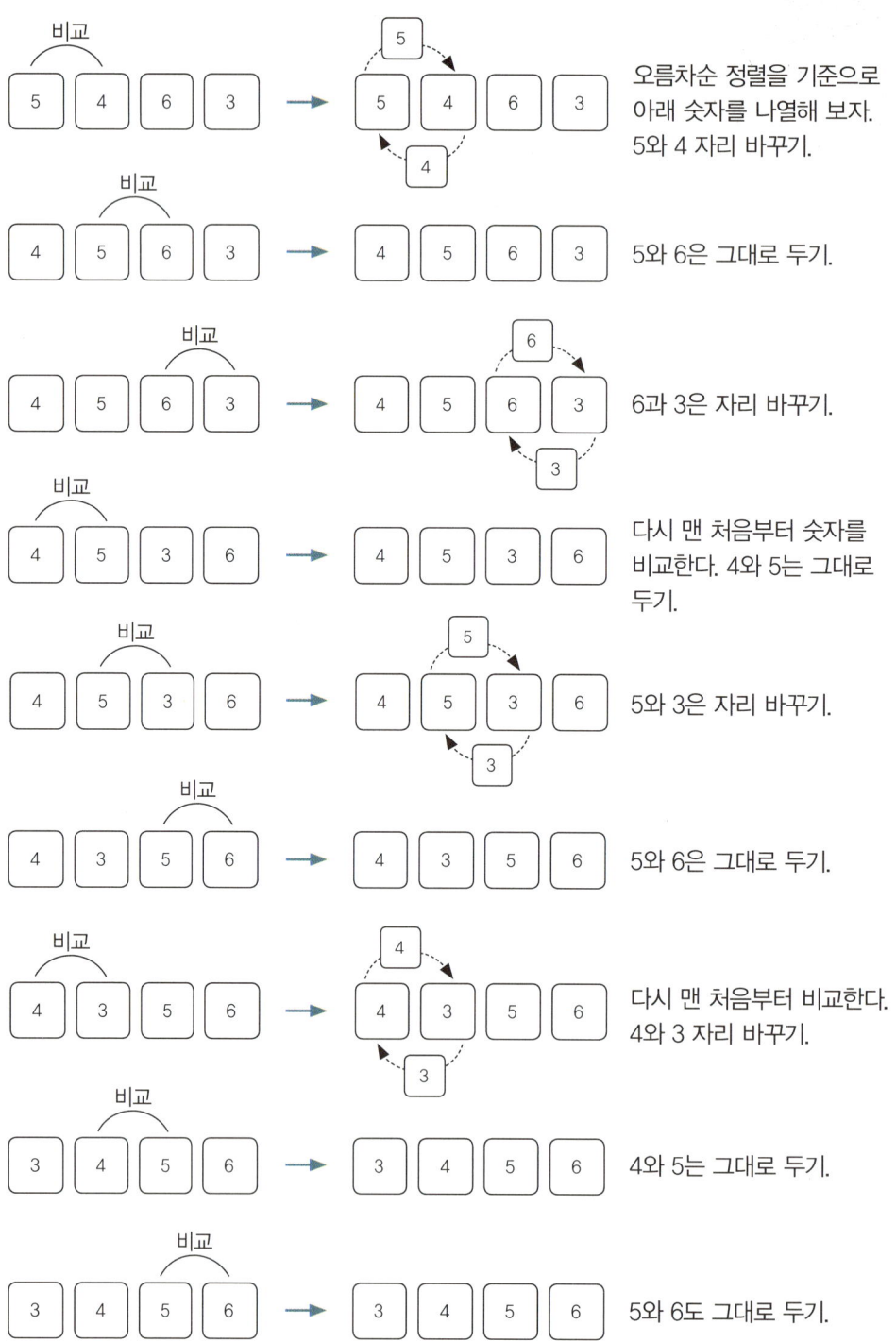

2. 삽입 정렬

삽입 정렬은 카드 게임에서 손에 쥔 카드를 정렬하는 것과 비슷하다. 오른쪽 그림처럼 숫자 카드 여러 장을 들고, 새로운 카드를 얻으면 순서에 맞게 끼우면 된다. 이처럼 삽입 정렬은 카드를 한 장씩 정렬하는 방식이다. 아래는 숫자 5개를 4단계에 걸쳐 삽입 정렬하는 과정이다. 두 번째 숫자부터 차례로 정렬을 시작하며, 자신 앞에 정렬된 카드들 사이에서 자신에게 맞는 위치에 삽입된다.

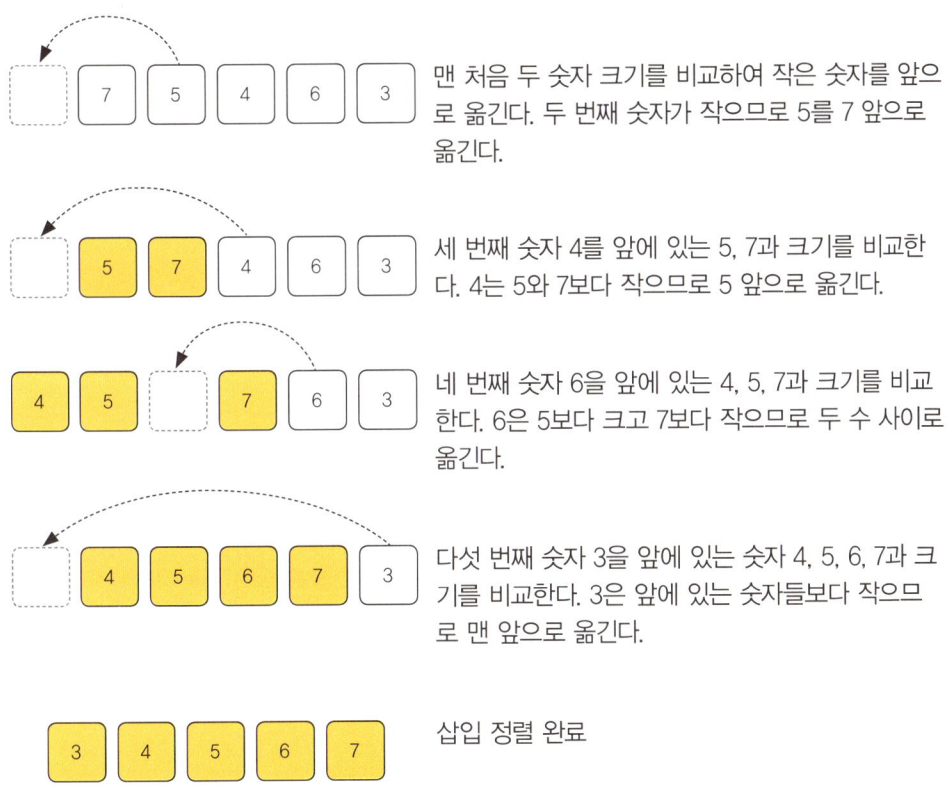

맨 처음 두 숫자 크기를 비교하여 작은 숫자를 앞으로 옮긴다. 두 번째 숫자가 작으므로 5를 7 앞으로 옮긴다.

세 번째 숫자 4를 앞에 있는 5, 7과 크기를 비교한다. 4는 5와 7보다 작으므로 5 앞으로 옮긴다.

네 번째 숫자 6을 앞에 있는 4, 5, 7과 크기를 비교한다. 6은 5보다 크고 7보다 작으므로 두 수 사이로 옮긴다.

다섯 번째 숫자 3을 앞에 있는 숫자 4, 5, 6, 7과 크기를 비교한다. 3은 앞에 있는 숫자들보다 작으므로 맨 앞으로 옮긴다.

삽입 정렬 완료

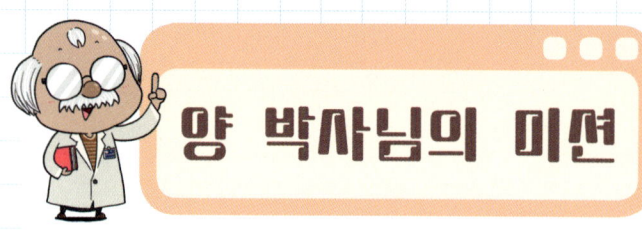

◆ 우주선에서 떨어져 섞인 CPU 메모리 카드를 버블 정렬과 삽입 정렬을 이용해 순차적으로 정리해 봅시다. 메모리 용량 순서대로 정렬해 두지 않으면 우주선이 망가질 수 있으니 조심하세요.

준비물: CPU 메모리 카드 (부록 201쪽)

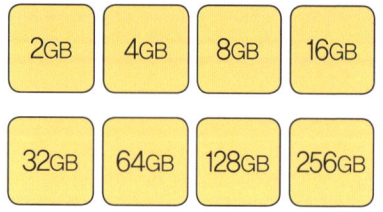

1. 버블 정렬로 오름차순 정렬하기

① 메모리 카드를 뒤집은 다음 잘 섞어 일렬로 놓습니다.

② 왼쪽에서 처음과 두 번째 칸에 놓인 카드 2장을 뒤집어 숫자를 비교합니다.

③ 숫자가 작은 카드를 왼쪽에, 숫자가 큰 카드를 오른쪽에 둡니다.

④ 숫자가 안 보이도록 카드를 다시 뒤집습니다.

⑤ 두 번째와 세 번째 카드를 뒤집어 숫자를 비교해 작은 수를 왼쪽에 둡니다.

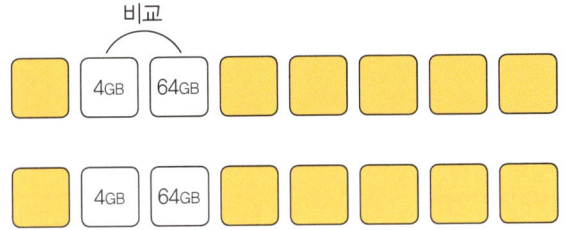

⑥ 위와 같은 방식으로 일곱 번째와 여덟 번째 카드까지 비교합니다.

⑦ 다시 첫 번째와 두 번째 카드를 비교하여 자리바꿈이 없을 때까지 반복합니다.

2. 삽입 정렬로 오름차순 정렬하기

① 메모리 카드를 잘 섞은 다음 뒤집은 채 일렬로 놓습니다.

② 왼쪽에서 첫 번째와 두 번째 칸에 놓인 카드 2장을 뒤집어 숫자를 비교합니다.

③ 두 번째 카드의 숫자가 더 작으면 첫 번째 카드 앞에 놓습니다.

④ 세 번째 카드를 뒤집어 앞에 있는 숫자와 비교해 오름차순에 해당하는 자리에 둡니다.

⑤ 위와 같은 방식으로 여덟 번째 카드까지 비교합니다.

3. QR코드로 동영상을 보며 버블과 삽입 정렬을 쉽게 이해하기

① 버블 정렬

　버블 정렬은 이웃한 것끼리 위치를 맞바꾸면서 자료를 순서대로 정렬하는 방법입니다. 다른 방법들에 비해 번거롭고 느리지만 이해하기는 쉽습니다. 정리할 자료가 적을 때에는 이 방법을 사용해도 좋습니다.

② 삽입 정렬

　카드 게임에서 손에 쥔 카드를 정렬하는 것과 같습니다. 손에 쥔 여러 장의 숫자 카드 사이에 새 카드를 끼워 넣는 방식입니다.

더 궁금해!

나도 아이언맨이 될 수 있다고?

영화 〈어벤져스〉에서는 인물들이 저마다 초능력을 지니고 있어요. 하지만 아이언맨만은 과학의 힘으로 그들과 같은 위치에 있습니다. 지금 당장 초능력만큼이나 기능이 뛰어난 '아이언맨 슈트'를 살 수는 없지만 '입는 컴퓨터(Wearable PC)'는 여러 분야에서 시도되고 있어요. 스마트폰이나 태블릿 PC와 무선으로 연동해 사용하는 안경이나 손목시계, 팔찌, 신발 등을 '웨어러블 기기'라고 해요. 구글의 글라스나 삼성 갤럭시 기어가 대표적이에요.

구글에서는 '토킹 슈즈(The Talking Shoes)'라는 스마트 슈즈를 만들었습니다. 토킹 슈즈를 신고 뛰면 신발이 "와우, 살이 점점 빠지고 있어! 잘한다!"라고 스마트폰으로 메시지를 보내요. 운동장에서 농구 경기를 마치고 나면 "네가 날 자랑스러운 신발로 만들었어."라고 말합니다.

아이언맨 슈트

회전수, 압력, 가속도를 확인하는 센서, 블루투스, 스피커 기능이 있는 토킹 슈즈는 사용자의 움직임을 감지해 어떤 행동을 하는지 분석하고 스피커를 통해 메시지를 전달합니다. 또 재치 있는 말로 주인에게 용기와 기회를 주어 행동을 바꾸도록 유도하기도 해요.

토킹 슈즈

살이 점점 빠지고 있어요!

웜홀 궤도 분석

진이와 로디는 머리를 맞대고 메인보드에 부품들을 모두 끼워 넣었다. 그러자 우주선은 언제 멈췄냐는 듯이 정상으로 돌아왔다.

진이는 기쁜 마음에 로디와 하이파이브를 했다. 그러나 기쁜 마음도 잠시, 진이는 뼈가 얼얼할 만큼 손바닥이 아파서 소리를 지르며 야단법석이었다.

"네가 로봇이란 걸 내가 깜빡했다. 손가락이 부러질 것 같아!"

로디는 어쩔 줄을 몰라 하며 진이 주위를 맴맴 돌았다.

"미안해. 미안해."

"그나저나 우리 이제 안전하게 웜홀을 빠져나갈 수 있겠지? 주변이 온통 컴컴하니 너무 무서워."

"그런데 진이야, 무섭다는 건 어떤 감정이야?"

"으……. 그런 어려운 질문은 사양할게. 난 이런 걸 못 느끼는 네가 더 무섭다!"

"제대로 가고 있는지 우주선 위치 파악을 확인해 볼까?"

로디는 우주선의 근거리 레이더 통신망을 켰다.

삐삐삐…… 웜홀의 궤도 분석 중. 현재 웜홀 안에서 우주선이 선택할 수 있는 경로는 모두 10개입니다. 이 중에서 파장이 세 번째로 긴 곳이 웜홀을 빠져나갈 수 있는 궤도로 예상됩니다. 나머지 9개 궤도는 무한히 웜홀에 갇히거나 다른 은하의 웜홀로 들어가게 됩니다.

"궤도? 파장?"

"궤도는 수레가 지나간 바큇자국이 난 길이라는 뜻이야. 다시 말해 우리가 따라갈 수 있는 길이야. 지구에서도 어떤 길은 중간에 끊겨 있잖아? 웜홀은 그냥 크고 넓은 공간이 아니라 파장에 따라 여러 갈래로 나누어져 있어. 파장은 그 길의 길이 같은 거고!"

"아하."

"웜홀에 갇히면 절대 안 돼! 우선 빠져나가자. 그러면 Y0828로 가는 힌트가 또 있을지 몰라!"

"그런데 이런 어려운 궤도 분석을 양 박사님과 리나 누나가 이미 우주선에 프로그래밍 해 놓은 거지? 정말 굉장해."

"지금 우리는 파장이 가장 짧은 길로 가고 있어. 우리가 원하는 출구로 가려면 세 번째로 긴 궤도를 선택해야 해."

"좋았어, 한 번 해 보자고!"

"서둘러 궤도를 변경하세요. 곧이어 이 궤도의 끝이 나타납니다."

"으악~! 이 궤도의 중력 때문에 현재 우주선 속도를 줄일 수 없어."

"빨리 우리가 가야 할 궤도를 찾는 수밖에."

"그럼 역할을 나누어서 파장 길이를 분석해야겠어."

"우주선의 슈퍼컴퓨터와 보조 컴퓨터 그리고 나까지 셋이서 동시에 비교 분석해 볼까?"

리나의 수첩

동영상 강의

20XX. 9. 22.

1. 정렬망

    정렬이란 각 물건에 번호를 매겨 그 값을 기준으로 오름차순 또는 내림차순으로 순서를 배열하는 것이다. 컴퓨터는 처리 속도가 매우 빠르지만 그 속도에는 한계가 있다. 컴퓨터가 문제를 빠르게 처리하도록 만드는 방법 중에 한 가지 문제를 여러 부분으로 나누어 여러 대의 컴퓨터가 수행하도록 하는 방법이 있다. 이처럼 동시에 여러 대상을 비교해서 정렬하도록 해 주는 것이 정렬망이다.

    '숫자들을 크기 순서대로 배열하기'라는 문제가 있다고 해 보자. 이때 모든 숫자를 한꺼번에 비교하는 것이 아니라 두 개씩 비교하는 과정을 컴퓨터 여러 대로 동시에 해결하는 것이 바로 정렬망의 핵심이다.

2. 숫자 네 개를 정렬하는 방법

    다음 그림은 숫자 7, 5, 4, 8을 작은 순서대로 왼쪽에서 오른쪽으로 정리하는 원리를 표현한 것이다. 컴퓨터는 숫자를 두 개씩 비교하여 다시 분류한다. 컴퓨터 한 대로 계산한다면 모두 5단계를 거쳐야 한다. 1단계마다 1초가 걸린다면, 5초가 걸린다.

    그럼 컴퓨터 두 대가 동시에 계산을 하면 어떻게 될까? 한 컴퓨터가 7과 5를 비교하는 동안 다른 컴퓨터는 4와 8을 비교할 수 있다. 이렇게 3단계를 거치면 숫자를 모두 정리할 수 있다. 3단계에 3초가 걸리니 시간이 절약된다. 이처럼 데이터가 적은 경우에는 차이가 크지 않지만 처리할 데이터가 많을 때에는 컴퓨터 여러 대를 사용하면 효율적이다.

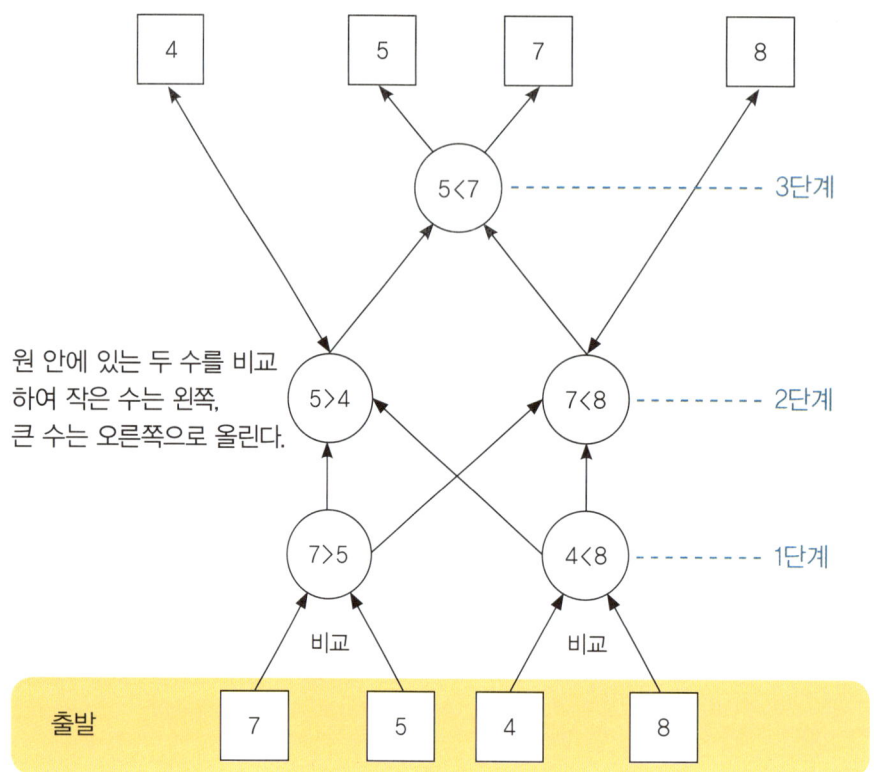

숫자 네 개를 정리하는 방법

양 박사님의 미션

◆ 웜홀 궤도(길)를 길이에 따라 순서대로 정렬해 봅시다.

웜홀에 있는 여러 궤도의 길이를 숫자 크기대로 정렬하려고 합니다. 규칙 없이 나열된 웜홀을 궤도에 따라 오름차순으로 정렬해 주세요.

1. 다음 6개 웜홀을 궤도에 따라 정렬해서 진이를 도와주세요.

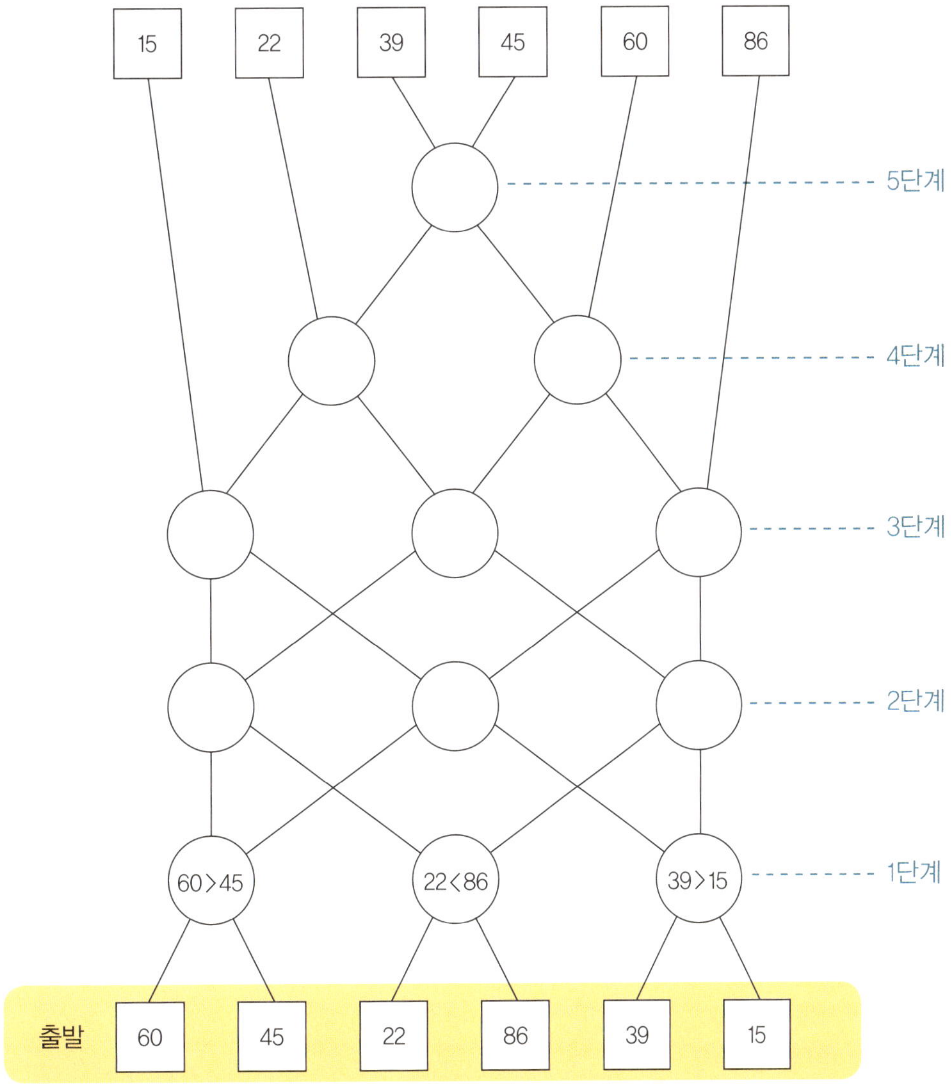

| 15 | 22 | 39 | 45 | 60 | 86 |

5단계
4단계
3단계
2단계

60 > 45   22 < 86   39 > 15   1단계

출발 60 45 22 86 39 15

① 모두 몇 번을 비교하여 웜홀 궤도 숫자를 정렬했나요?

② 위와 같이 각 단계마다 숫자를 2개씩 비교하여 6개의 웜홀을 정렬할 때, 가장 빨리 하려면 몇 명이 필요할까요?

더 궁금해!

사람이야? 귀신이야? 홀로그램이야!

과학 영화를 보면 공중에 레이저를 쏘아 입체 영상을 보는 장면이 나오곤 합니다. 이렇게 레이저 광선으로 3차원 입체 영상을 보여 주는 기술을 '홀로그래피(holography)'라고 해요. 홀로그래피를 이용하면 모니터나 스크린 없이 어디서나 이미지를 볼 수 있어요.

이 기술로 촬영한 것이 '홀로그램'이에요. 우리가 영화관에서 3D 영화를 볼 때 안경을 쓰고 보면 물체들이 공중에서 날아다니고 가까이 다가오는 것처럼 보이지요. 현재 전문가들은 안경 없이도 홀로그램을 보는 기술을 연구하고 있어요.

1862년, 영국의 발명가 헨리 더크(Henry Dirk)가 마술을 위한 무대 장치를 꾸미면서 처음으로 홀로그램을 썼어요. 그는 거울의 반사 원리와 조명을 이용해서 물체가 사라지거나 나타나고, 투명하게 보이도록 만들었어요. 유령이 실제 떠 있는 것처럼 만들어서 사람들을 놀라게 하기도 했지요.

미국에서는 베트남 전쟁과 걸프전 때 전투기 홀로그램을 쏘아 올려 적군을 혼란스럽게 만들기도 했어요. 지금은 의료나 공연, 예술 등 쓰임새가 더 많아지고 있어요.

▲ 마술사가 거울의 반사 원리와 조명을 이용해 마치 유령이 나타난 것처럼 보여 줘요.

▼ 3차원 홀로그램 기술을 이용해 실제 가수가 무대에 있는 것처럼 보여 줘요.

12 화이트홀 출구 연결

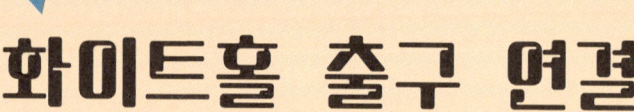

웜홈을 빠져나오자 화이트홀♦의 밝은 빛이 온 우주선을 감쌌다. 진이는 잠시 앞을 볼 수 없었다.

"웜홀 입구는 블랙홀, 출구는 화이트홀이라는 말이 정말이었구나."

♦ **화이트홀** 주변의 모든 것을 빨아들이는 블랙홀과 반대 개념으로 모든 것을 내뿜는 천체예요.

진이가 차츰 빛에 익숙해져 눈을 뜨자 로디가 환하게 웃으며 말했다.

"우리가 옳은 궤도로 온 것 같은데? 너와 함께여서 정말 다행이야."

"내가 용감하게 우주선을 타긴 했지만 이렇게 잘 해낼 줄은 정말 몰랐어. 로디, 네가 있어서 가능했어."

"헤헤, 우리야말로 정말 환상의 콤보인걸?"

"콤보가 아니라 콤비겠지! 양 박사님을 만나게 되면 너한테 한국어를 다시 프로그래밍 해 달라고 말해야겠어."

진이는 로디를 핀잔주면서도 속으로 생각했다.

'로디, 이 우주에 너와 나 둘뿐이야. 우주여행이 끝날 때까지 잘 부탁한다.'

진이의 속마음을 읽기라도 한 듯 로디가 고개를 끄덕였다.

"그럼 최신 유행어도 업데이트 해 줘! 잠깐……, 앞을 봐! 진아."

"어! 아까는 엄청 밝아서 보지 못했는데 여기저기 동그란 축구공 같은 게 둥둥 떠 있네."

"대체 뭘까?"

우주선의 레이더를 통해 주변 물체들을 분석해 보았다.

"공간 조각?"

"설마 여기가 시공간을 초월한 5차원 공간, 뭐 그런 건가?"

"공상 과학 영화에서 본 건데! 과거의 나를 볼 수 있잖아."

"어, 저기 저쪽 공간을 봐. 여우별 숲 연구실이 보여."

"어, 어, 진짜네. 저거 나 아니야? 연구실 입구에서 기웃거리고 있는 뒷모습! 맙소사, 들어가면 이렇게 된다! 진아, 들어가지 마!"

"처음 너 봤을 때 엄청 귀여웠는데. 지금은 너 좀 늙은 것 같아."

"아직 파릇파릇한 십 대라고!"

마치 커다란 모니터에서 과거, 현재, 미래가 어떤 것인지 알 수 없는 영상들이 끊임없이 재생되고 있었다.

공간 조각들을 모두 연결해야 화이트홀의 출구가 완성됩니다.
화이트홀을 빠져나가면 Y0828이 있는 은하의 입구와 연결됩니다.

"Y0828이라고? 이제 거의 다 왔어."

"그러네, 로디……. 그럼 저 조각들을 어떻게 연결시키지?"

진이는 흩어져 있는 공간 조각들을 연결하는 방법을 검색해 보았다.

1. 한 공간에 우주선을 착륙시킨다.
2. 그 다음 공간으로 레이저빔을 쏜다.
3. 흩어져 있는 모든 공간을 레이저빔으로 이어 준다.

"이 미션은 쉬운데? 공간 조각들을 다 이으면 완성이잖아."

"어이구, 그렇게 단순한 문제가 아니야. 레이저빔을 쏠 때 공간 조각의 거리에 따라서 연료가 소모되는 양이 다르다고."

"아이고, 그러면 그렇지! 이렇게 쉽게 풀릴 리 없지!"

"앞으로 얼마나 연료를 써야 할지 모르니 에너지를 아껴야 해."

"알아, 레이저빔이 엄청난 에너지를 소모하지?"

"휴……. 고난의 연속이구나! 하지만 여기서도 곧 빠져나가게 될 거야!"

진이는 우주여행을 시작할 때보다 더 용감하고 자신감이 넘쳤다. 몇 번이고 고비를 넘기면서 로디와 함께 문제를 해결해 나가는 사이 진이는 자신도 모르게 어느새 훌쩍 자라 있었다.

진이는 늠름한 표정을 짓더니 우주선 모니터 앞으로 다가갔다.

리나의 수첩

동영상 강의

20XX. 10. 4.

1. 효율적인 길 선택하기

A, B, C, D 섬 마을을 이어 주는 다리가 5개 있다. A섬에서 D섬까지 가는 방법은 여러 가지가 있다. ① A→B→D, ② A→C→D, ③ A→B→C→D ④ A→C→B→D와 같이 갈 수 있다. 물론 A→B→C→A→B→D 처럼 다시 제자리로 돌아와 한 바퀴를 돌아서 D섬으로 가는 방법도 있다.

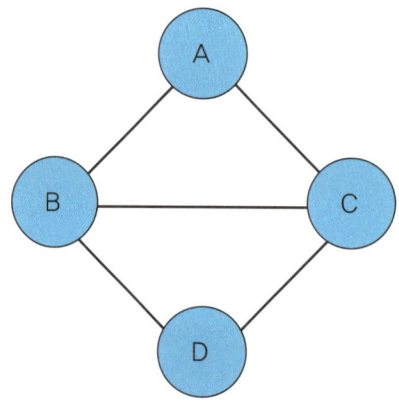

A섬에서 D섬까지 가는 방법

그런데 각 섬을 잇는 다리를 만들 때 각각 200, 400, 500, 700, 900만 원(총 2,700만 원)이 든다면? 이럴 경우, 현실적으로 다리 5개를 모두 만드는 것은 비효율적이다. 따라서 돈을 적게 쓰면서 효율적인 길을 몇 가지 선택해 다리를 놓는 것이 좋다. 네 섬을 모두 연결하려면 다리를 어디에 놓아야 할까? 다음 그림처럼 200+400+500=1,100만 원으로 네 섬을 잇는 다리를 놓는 것이 가장 효율적이다.

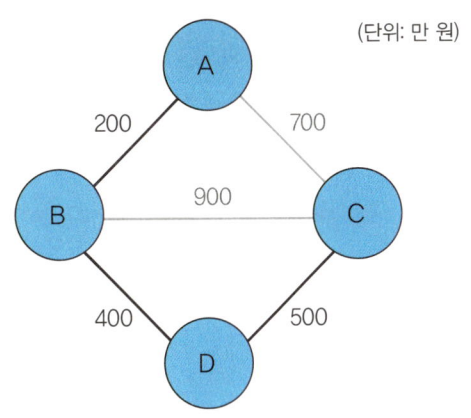

A섬에서 D섬까지 가장 효율적으로 다리를 놓는 방법

2. 행성을 모두 지나가는 방법

　순서에 상관없이 우주에서 네 행성 모두 지나가는 방법은 여러 가지가 있다. 그런데 각각의 행성으로 이동하기 위해 필요한 연료 양이 다르다. 연료를 가장 적게 써서 네 행성을 모두 지나는 가장 효율적인 방법은 무엇일까? 아래 그림에서 선에 쓰여 있는 숫자만큼 연료가 소모된다면, 당연히 1, 2, 5만큼 연료가 드는 길을 선택해 각 행성에 가야 한다.

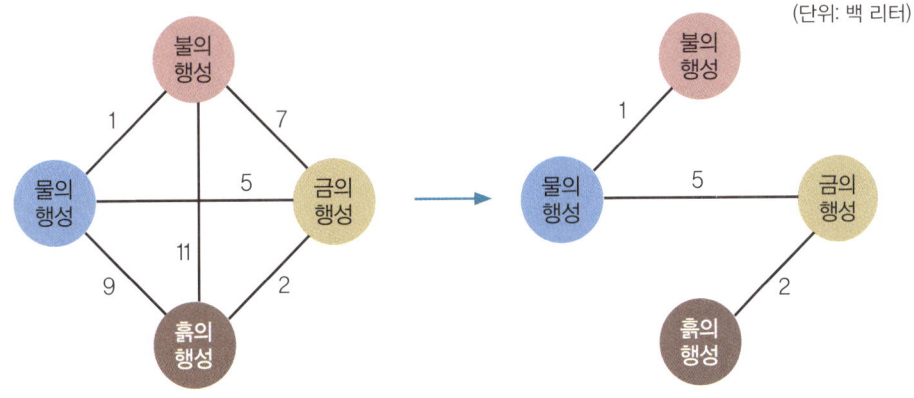

3. 행성이 많을 때 행성을 모두 지나가는 방법

다음 그림처럼 6개 행성이 있을 때, 연료를 가장 적게 쓰면서 모든 행성을 지나가려면 어떻게 해야 할까?

먼저 연료가 적게 드는 순서로 숫자를 정렬한다.

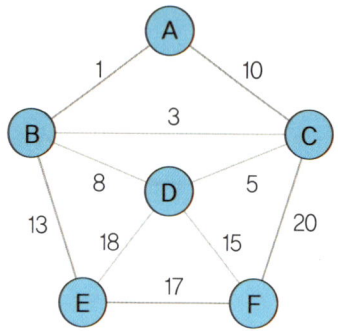

1, 3, 5, 8, 10, 13, 15, 17, 18, 20

숫자가 가장 작은 선부터 순서대로 하나씩 선을 긋는다.

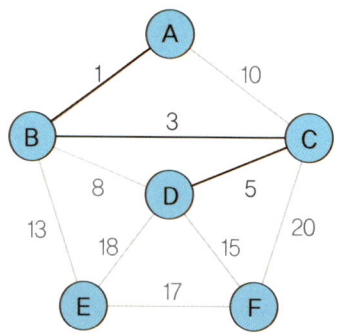

1, 3, 5, 8, 10, 13, 15, 17, 18, 20

만약 삼각형이나 사각형이 만들어지면 그 선은 그리지 않고, 다음 선을 그려야 한다. 닫힌 도형이 되면 효율적이지 않기 때문이다. 예를 들어, 다음 그림과 같이 8만큼 비용이 드는 선을 그리면 삼각형이 만들어지기 때문에 이 선은 그리지 않고, 10만큼 비용이 드는 선으로 넘어간다. 그러나 이 선을 이어도 삼각형이 생기기 때문에 그리지 않고, 그 다음 13만큼의 비용이 드는 선을 잇는다.

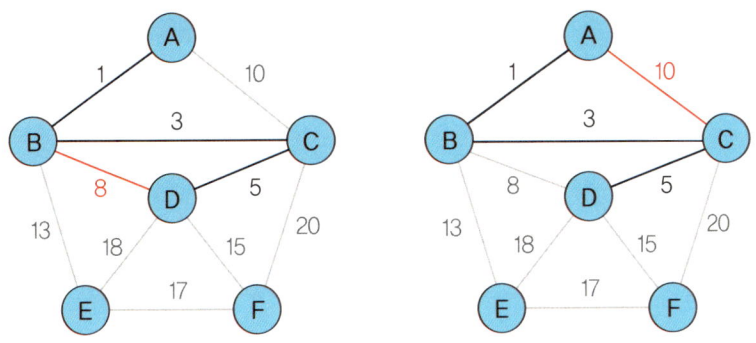

1, 3, 5, ~~8~~, ~~10~~, 13, 15, 17, 18, 20

2개 행성을 연결하는 선은 1개이므로 연결해야 하는 대상의 개수보다 연결하는 선은 언제나 하나씩 적은 수이다. 행성이 6개이니 선은 5개여야 한다.

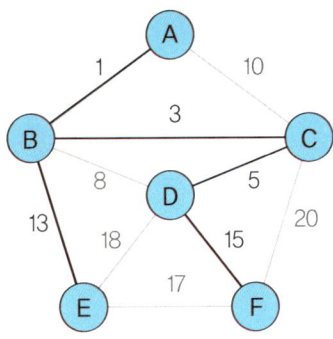

1, 3, 5, ~~8~~, ~~10~~, 13, 15, 17, 18, 20

〈잠깐!〉 행성을 연결할 때 원칙
① 선을 연결할 때 삼각형이나 사각형을 만들어서는 안 된다.
② 연결해야 하는 행성 개수보다 연결하는 선 개수는 항상 하나 적다.
  (행성 개수＝선의 개수＋1)

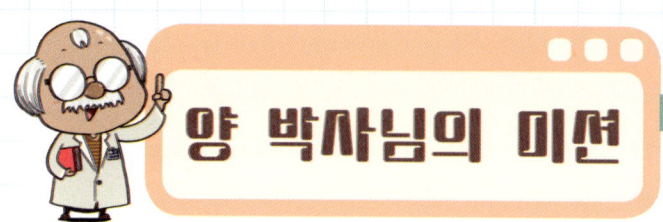

✦ 가장 효율적인 길을 찾아봅시다.

1. 레이저빔을 쏘아서 공간을 모두 연결하려고 합니다. 부서진 공간 조각은 모두 10개입니다. 각 공간 조각을 연결하는 선에 적힌 숫자는 레이저빔을 한 번 쏠 때 필요한 연료 양입니다. 가장 적은 연료로 모든 공간 조각을 연결시켜 화이트홀 출구를 만들 수 있도록 도와주세요. 연료가 가장 적게 드는 순서로 숫자를 써 보고, 선을 이어요. 단, 삼각형이나 사각형을 만들지 않게 조심하세요.

<보기>

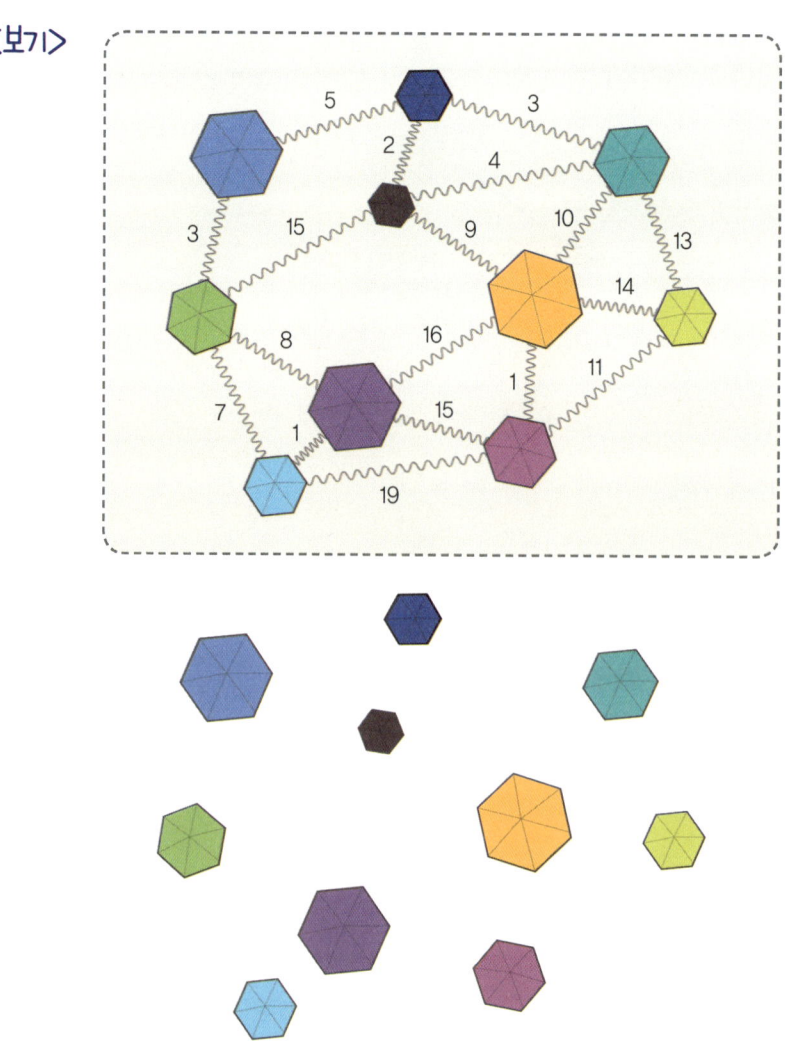

2. 다음은 나라 간의 비행시간을 간단하게 숫자로 나타낸 그림입니다. 비행시간을 모두 더한 값이 가장 작은 경로를 만들어 보세요. 단, 8개 나라는 모두 연결되어야 하고, 비행기는 7번만 타야 합니다.

<보기>

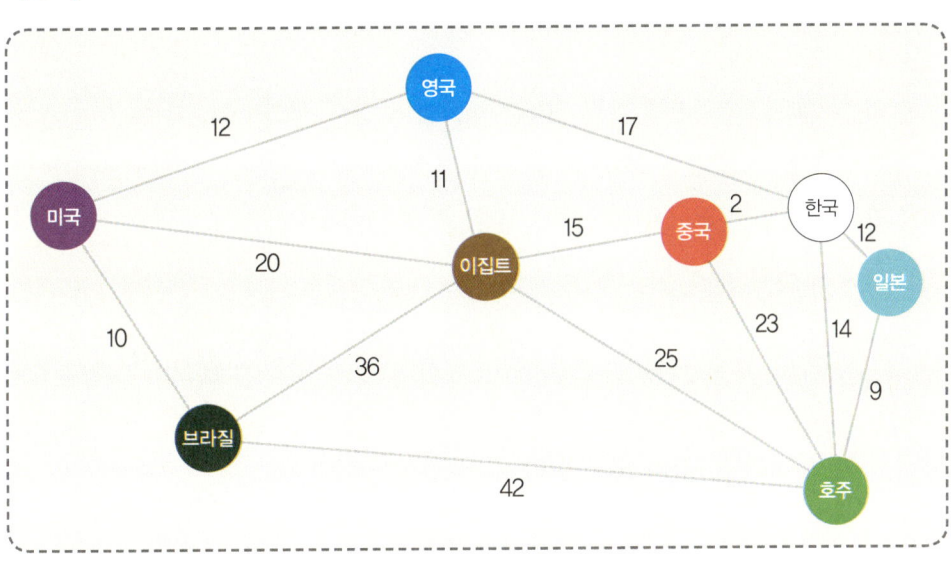

더 궁금해!

적은 비용으로 여행을 가려면?

세계 여행을 하려면 어느 나라부터 어떻게 이동할지 계획을 세워야겠지요? 어떻게 이동하느냐에 따라 여행에 드는 시간과 돈이 달라질 테니까요. 한국에서 중국을 들렀다 영국으로 가는 방법과 한국에서 영국을 거쳐 중국으로 가는 방법 중 어떤 것이 더 효율적일까요?

이처럼 비용이 가장 적게 드는 경로를 설계하는 것을 컴퓨터 용어로 '최소 비용 신장 트리'라고 합니다. 만약 여러분이 가능한 경로를 모두 파악하고 최소 비용 신장 트리를 만들 수 있다면 돈을 아낀 만큼 다른 것을 더 경험할 수 있겠죠?

또 경로마다 비행기 항공권 가격과 시간을 계산하는 프로그램을 만든다면 여행자들이 항공권을 예약하는 데 도움이 될 거예요. 최소 비용 신장 트리는 여러 도시를 고속 도로로 연결할 때, 네트워크 통신망을 만들 때, 건축물을 지을 때 연결할 파이프 길이를 최소화할 때, 지하철 노선을 만들 때도 쓰인답니다.

다섯.
드디어 Y0828에 도착

13 최적의 항로
_컴퓨터의 동작 이해 : 유한 상태 기계

14 마지막 테스트
_문제 해결 전략 : 그래프 색칠하기

15 Y0828로 오는 법
_문제 해결 전략 : 스타이너 트리

13 최적의 항로

"드디어 이게 마지막 에너지빔이다!"

쫘아아악!

"오 에너지빔들이 모두 연결되니까 공간들이 하나로 합쳐지고 있어."

공간 조각들이 이어져 하나가 되고 빛이 번쩍이더니 어느새 새로운

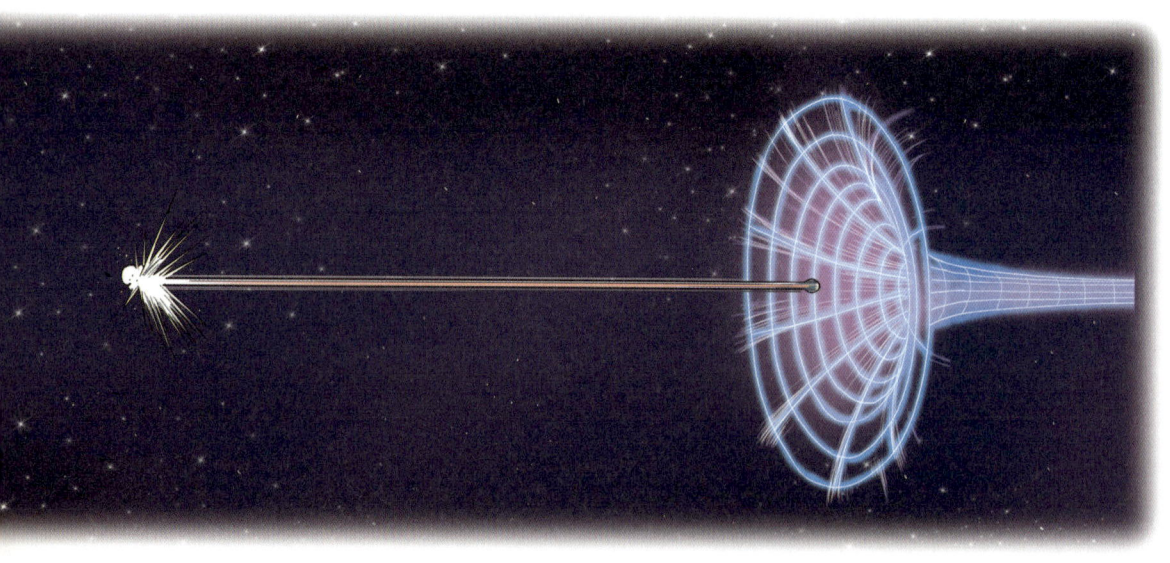

은하가 열렸다.

"자, 이제 새로운 은하에서 다시 출발해 볼까?"

"우아~ 지구가 속한 우리 은하랑 완전히 다른 색을 가진 은하네."

Y0828 탐색 중

수많은 별 중에서 유독 아름답게 빛나는 별이 그토록 찾던 Y0828이었다. 우주 속의 진주처럼 하얗게 반짝이고 있었다. 찬란한 빛으로 둘러싸인 Y0828을 보니 진이는 얼마 전 엄마와의 영상 통화가 떠올랐다.

"진아, 사랑이란 건 마음속에 빛나는 별 하나를 갖게 되는 거란다. 엄마, 아빠의 마음속에 떠 있는 작은 샛별이 바로 너야. 그런데 우리 진이의 마음에 콕 박혀 빛나고 있는 별은 엄마, 아빠가 품고 있는 별보다 훨씬 큰 것 같네. 진이는 지구에 살고 있는 모든 사람들을 아끼고 사랑하고 있나 봐. 그러니 그렇게 대단한 일들을 용감하게 해내고 있고. 곧 Y0828을 찾을 거라 믿어. 엄마가 많이 사랑한다. 우리 아들."

"정말 예쁘다. 그치, 진아."

로디가 창밖을 보며 말했다.

"응. 지구는 새파란 사파이어 보석이라면, Y0828은 새하얀 진주처럼 빛나네."

"어서 땅을 밟고 싶어. 자, 이제 다 왔다, 다 왔어!"

"도착하자마자 나무에서 과일을 다 따먹을 테다!"

평소에 과일을 별로 좋아하지 않던 진이지만 지금은 생각만 해도 입 안에 침이 고일 만큼 간절하게 먹고 싶어졌다.

그러나 감탄도 잠시, 멀리 보이는 Y0828을 향해 직진하던 우주선이 갑자기 오른쪽으로 기울어지더니 알 수 없는 힘에 의해 이끌려갔다.

"뭐야 갑자기! 누군가 끌어당기고 있어."

Y0828로 가는 길에 수많은 작은 행성들이 있었다. 행성들은 저마다의 중력을 갖고 주위에 있는 물체를 끌어당기고 있었다. 지구보다 중력이 훨씬 큰 행성 하나가 우주선을 강하게 잡아당겼다. 진이와 로디를 태운 우주선은 꼼짝없이 어떤 행성에 도착했다.

이곳은 흙의 행성입니다.
흙의 행성까지 중력을 미치는 행성은 사슴행성과 동굴행성입니다.
어떤 행성을 선택하시겠습니까?

"아무 행성이나 우선 가 보자."

"잠깐, 아무 행성이나 갔다가 계속 뱅글뱅글 돌아서 또 흙의 행성에 오면 어떻게 하려고!"

"음 그러네. 레이저 빔 때문에 남은 연료도 얼마 없어."

"흠. 최적의 경로를 찾기 위해 잠깐 머리 좀 써 볼까?"

진이는 컴퓨터 앞으로 다가가 주위의 행성이 몇 개인지 각 행성에 어떤 행성의 중력이 작용하는지 검색했다.

리나의 수첩

동영상 강의

20XX. 10. 19.

1. 유한 상태 기계

　할 수 있는 동작이 몇 가지 명령으로 정해져 있는 것을 '유한 상태'라고 한다. 유한 상태 기계는 조건이 있는 명령어에 따라 몇 개 동작을 반복해서 수행한다. 자판기, 로봇 청소기, 냉장고, 전자레인지, 텔레비전 등 모든 가전제품이 모두 유한 상태 기계이다.

　음료수 자판기는 ① 돈을 받는다, ② 음료수가 선택된다, ③ 거스름돈을 준다 등 몇 가지 동작만 반복한다. 100원, 500원, 또는 1,000원 단위로 돈을 넣으면 금액에 맞는 음료수만 선택할 수 있다. 돈이 부족하면 버튼을 눌러도 음료수가 나오지 않고, 돈을 많이 넣으면 거스름돈이 나온다. 이런 식으로 조건에 맞게 결과가 나오도록 하는 것이 유한 상태 기계이다.

　다음과 같이 500원짜리 커피와 1,000원짜리 콜라, 1,500원짜리 주스를 파는 자판기가 있다고 하자. 이 자판기가 작동하는 방식은 이렇다.

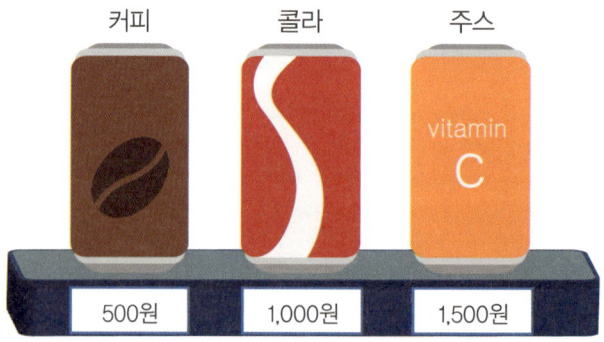

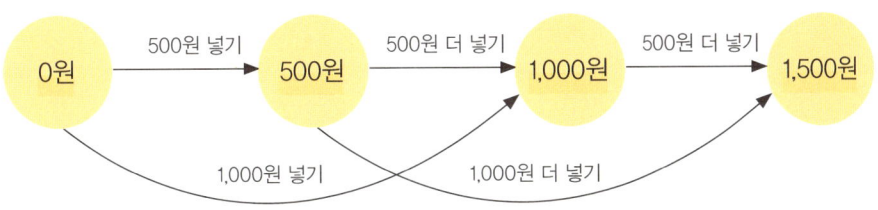

2. 슈퍼마리오의 상태와 변화

양 박사님께서 유한 상태 기계는 게임에서 쉽게 발견할 수 있다고 하셨다. 유한 상태 기계는 상태, 변화 조건, 변화 이렇게 세 가지로 구분할 수 있다.

예를 들어, 슈퍼마리오 컴퓨터 게임에서 어떤 키보드 버튼도 누르지 않았을 때 슈퍼마리오는 가만히 기다리는 '상태'에 있다. 이때 이동키를 누르는 '변화 조건'을 주면 슈퍼마리오가 이동하는 상태로 '변화'한다. 또는, 기다리는 '상태'에서 점프키를 누르면 즉, '변화 조건'을 주면 슈퍼마리오가 제자리에서 뛰는 '변화(동작)'를 한다.

지금껏 나는 아주 당연하게 슈퍼마리오를 키보드로 조종하며 컴퓨터 게임을 했다. 그러나 사용자가 명령하는 대로 움직이는 유한 상태 기계가 반응하는 원리를 생각하니 모든 게임이 신기하다.

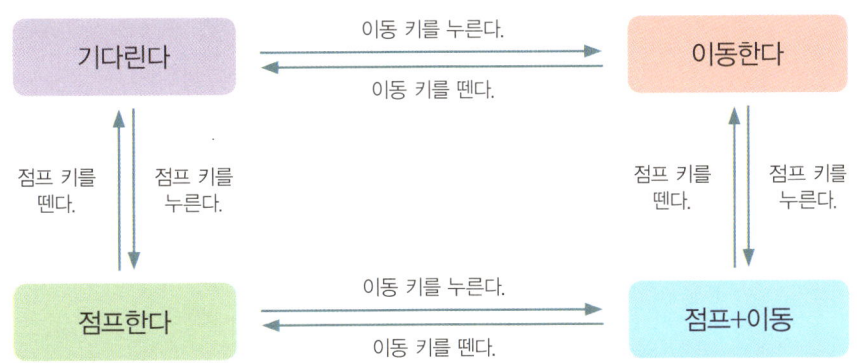

프로그래머는 게임을 만들 때 유한 상태 기계의 세 가지 프로세스를 표로 간단히 이해한다. 유한 상태 기계의 관점에 서서, 사람들이 어떤 명령어를 입력하느냐에 따라 달라지는 캐릭터의 상태 조건과 변화를 한눈에 보기 위해서다. 이런 조건들을 미리 확인하지 않으면, 게임 캐릭터가 미처 생각하지 못하는 행동을 해서 프로그램에 오류(버그)가 날 수 있다.

3. 빙빙 돌아 제자리로

"주문은 1번, 주문 취소는 2번, 교환은 3번, 앞으로 돌아가려면 0번, 다시 들으시려면 샵(#) 버튼을 눌러 주세요."

상품에 대해 문의 전화를 하면 자주 나오는 멘트이다. 녹음된 안내 멘트에 따라 원하는 번호를 누르면 주문 확인이나 환불처럼 내가 원하는 결과에 도달할 수 있다. 그런데 가끔 번호를 눌렀는데도 똑같은 안내를 반복하기도 한다. 프로그램이 논리적으로 설계되지 않았거나 번호를 잘못 인식해 계속 같은 단계를 반복하는 시스템 설계 오류가 발생한 것이다.

다음 우주선이 숲의 행성에 도착하려면 어떤 경로를 거쳐야 할까?

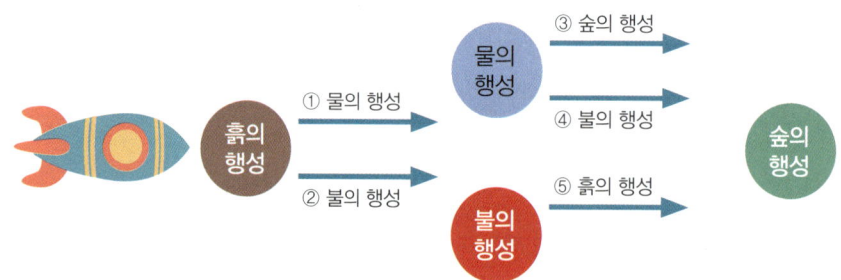

흙의 행성에서 ①번을 선택, 물의 행성에서 ③번을 선택해야 숲의 행성에 도착할 수 있다. 흙의 행성에서 ②번을 선택하거나 물의 행성에서 ④번을 선택하면 영원히 숲의 행성에 가지 못하고 세 행성을 돌게 된다.

이처럼 원하는 목표가 있을 때 단계마다 어떤 것을 선택하느냐에 따라 결과가 달라진다. 프로그램을 만들 때에는 중간 과정에서 오류가 없도록 논리적으로 설계하는 것이 중요하다.

◆ 진이와 로디가 가장 빠르게 Y0828에 도착하려면 어떤 행성을 지나야 하는지 경로를 만들어 주세요. 출발 행성은 우주선과 가장 가까운 궤도에 있는 한빛행성, 하나행성, 목련행성 중에서 선택할 수 있습니다.

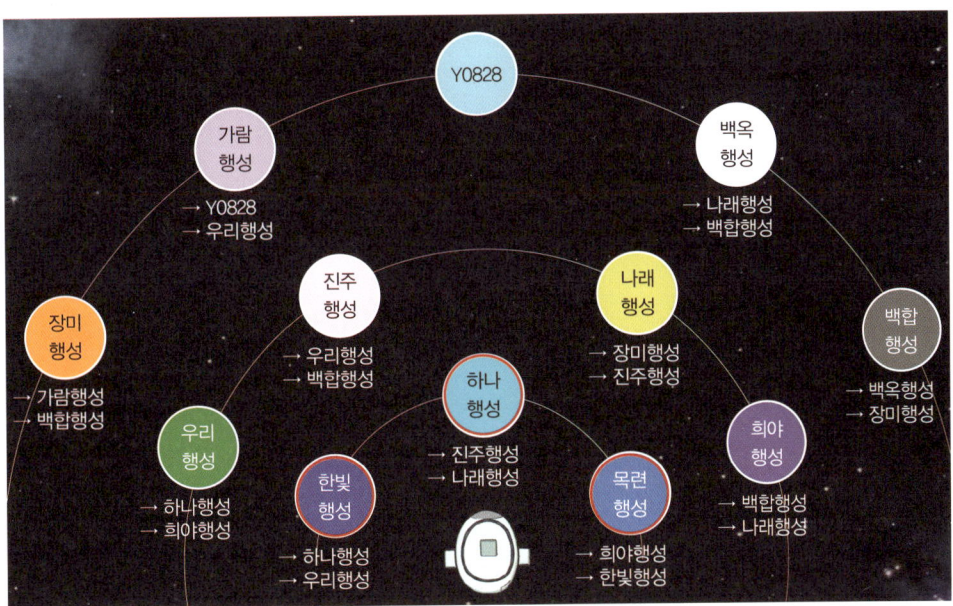

1. Y0828로 가는 가장 빠른 경로를 순서대로 써 주세요.

2. 어떻게 해야 헤매지 않고 Y0828로 갈 수 있을까요? 가장 빨리 갈 수 있는 방법을 생각해 보세요.

더 궁금해!

'오토마타'를 들어 본 적이 있나요?

사람들은 오래전부터 자신이 원하는 일을 해 주는 기계를 발명하려고 노력했어요. 앞에서 예로 든 자판기나 로봇 청소기와 같은 유한 상태 기계는 자동 기계를 뜻하는 '오토마타(automata)'에서 발전된 거예요.

처음 발명된 오토마타는 간단한 기계 장치로 움직이는 인형이나 조형물이었습니다. 고대 이집트에서는 모래시계나 물시계를 오토마타 형식으로 만들었고, 서양에서는 르네상스 시대를 거치면서 동물 모습을 한 기계 오리, 더 나아가 체스 인형 같이 인간의 모습을 닮은 기계 장치로 발전시키기도 했어요. 오르골이나 뻐꾸기시계도 대표적인 오토마타입니다.

조선 시대에 장영실이 만든 물시계인 '자격루'는 우리나라 최초의 오토마타예요. 물기둥에 물이 꽉 차면 인형이 밖으로 얼굴을 내밀어 시간을 알려 주지요. 별들의 움직임을 관찰할 수 있는 혼천의를 결합한 자동물시계인 '옥루'도 있어요. 이러한 기계 장치 원리는 로봇을 만드는 데에도 쓰인답니다.

자격루

현대에 와서는 오토마타에 과학 원리와 예술적 상상력이 더해져 더욱 다양하고 재미있어요. 특히 오토마타를 통해 유머와 감성을 표현하는 영국의 폴 스푸너(Paul spooner)는 오토마타 예술의 창시자라고 불립니다. 사진 옆에 있는 QR코드를 검색해 보세요. 재미있는 작품들을 감상할 수 있답니다.

작품 보러 가기

폴 스푸너, 〈대화의 과학(The Science of Conversation)〉: 두 과학자가 대화를 통해 정보를 주고받는 것을 표현한 작품이에요.

14 마지막 테스트

　새하얀 대기에 덮인 Y0828이 가까이 보이자 진이는 갑자기 눈시울이 붉어졌다. 지구 시간으로 얼마나 걸렸는지 정확히 알 수 없지만 눈앞에 Y0828이 보인다. 진이는 이곳에 오기까지 겪었던 일들을 영화처럼 떠올렸다. 그러고는 실제로는 본 적도 없는 리나 누나와 양 박사님이 생각났다.
　'Y0828에 도착하면 두 사람을 만날 수 있을까?'
　"Y0828에 접근. 우주선 착륙 신호를 보낼게."
　로디의 눈이 반짝였다. 빛이 반사되어 마치 눈물이 맺힌 것처럼 보였다.
　'로디는 자신이 맡은 임무를 끝까지 열심히 하고 있다. 로디는 위험한 순간에도 흔들리지 않고 명령을 수행하고, 내가 지치거나 지구로 돌아가고 싶어질 때 든든한 친구가 되어 주었다. 그러고 보면 감정을 느끼

지 않고 알고리즘대로 움직이는 컴퓨터가 부러울 때도 있다. 어떤 순간에도 비겁해지지 않을 수 있으니까.'

진이는 잠시 생각에 빠졌다가 로디에게 말을 걸었다.

"로디, 이곳 환경이 정말 지구와 비슷할까? 사람이 살 수 있는 곳이어야 하는데 말야."

로디는 말이 없었다. 우주선이 대기에 접근하면서 관측을 하고 있지만 아직 결과 값이 나오지 않았기 때문이다.

"우리에게 신호를 보낸 외계인을 곧 보게 되겠지? 어떻게 생겼을까? 으으, 설레고 떨려."

진이는 괜스레 혼잣말을 했다.

우주선은 재빠르게 Y0828에 진입하기 시작했다.

"으아악! 내려간다!"

우주선은 착륙할 만한 곳을 검색했고, 로디는 떨리는 손으로 착륙 버튼을 눌렀다.

"저기 봐. 야광색이 나는 숲이야. 우아, 엄청 신비로워."

그런데 빠르게 땅으로 내려오던 우주선이 갑자기 더 내려가지 못하고 멈춰 섰다.

"어라……? 거의 다 왔는데 왜 우주선이 더 내려가지 못하는 거지, 로디?"

"Y0828 대기에 알 수 없는 자기장이 흐르고 있어. 여기 사는 외계인이 우리가 오지 못하게 방어해 놓은 건가?"

이때 갑자기 무선 통신기에 신호가 잡히고 메시지가 흘러나왔다.

"너희들은 어느 행성에서 왔나?"

순간 당황했지만 진이는 침착하게 대답했다.

"안녕하세요? 우린 지구에서 온 진이와 로디라고 합니다. 제2의 지구라고 불리는 Y0828에서 지구인의 미래와 희망을 찾고자 왔습니다."

"지구인의 희망? 그걸 왜 여기서 찾으려고 하는 거지?"

"지구에서는 더 이상 사람이 살 수 없어서요."

"그래서? 우리 행성에 모든 지구인을 데려 오겠다고? 다 같이 와서 또 파괴하려고? 이곳에 사는 우리의 삶은 생각해 보지 않은 것인가?"

"그런 건 아니지만…… 지구에 있다가는 모두 죽을지도 몰라요."

"왜 우리가 살려 주어야 하지? Y0828을 지구처럼 오염시킬지도 모르는데?"

"지구인은 똑똑해서 한 번 실수한 것을 되풀이하지 않을 거예요."

"그럼 어디 한 번 테스트를 해 볼까?"

갑자기 자기장이 걷히더니 우주선이 착륙했다. 우주선이 착륙한 곳은 두 갈래 길이 합쳐지는 곳이었다. 그리고 그 앞에는 지구인과 비슷하게 생긴 생명체가 서 있었다. 아마 Y0828에 사는 외계인인 것 같았다.

"이 문제를 맞히면 우주선에서 내리는 것을 허락하지. 보이는 것처럼 두 갈래로 나눠진 갈림길의 한쪽 끝에는 거짓말만 하는 Y0828인이 사는 마을이 있고, 다른 한쪽 끝에는 참말만 하는 Y0828인이 살고 있다. 그 앞에 서 있는 여자아이는 두 마을 중 한쪽 마을에 살고 있어. 여자아이가 어느 마을에서 사는지 알아맞혀 봐. 아이에게 질문할 기회는 단 한 번뿐이다. 그럼 30분 뒤에 참말 마을로 오도록!"

"이렇게 어려운 문제를 어떻게 풀라고! 어디가 참말 마을이냐고 물어보면 되나?"

"아니지. 저 여자아이가 참말을 할지, 거짓말을 할지 모르는데 그렇게 물어보면 안 되지."

27분이 흘렀다. 갑자기 진이가 무릎을 탁 쳤다. 그리고는 우주선 밖으로 소리가 나가도록 스피커를 켰다.

"안녕? 난 진이라고 해. 너에게 질문 한 가지를 할게. 오른쪽 마을이 네가 사는 마을이야?"

"아니."

여자아이가 대답했다.

"대답해 줘서 고마워."

진이는 여자아이에게 인사를 하고 로디에게 말했다.

"로디, 왼쪽이 참말 마을이야!"

"그래, 알았어!"

로디는 우주선을 왼쪽으로 조종했다.

"제시간에 왔군. 이제 우주선에서 내려서 잠깐 구경하도록 해. 두 번째 문제가 기다리고 있으니."

지구에서 출발하고선 처음으로 우주선 문이 열렸다. 언제 따라왔는지 우주선 앞에는 아까 대답을 해 주었던 여자아이와 한 아가씨가 서 있었다. 진이는 조심조심 땅에 발을 내딛었다. 역사적인 순간이었다.

그와 반면에 로디는 문이 열리자마자 뛰쳐나갔다.

"리나!"

둘은 한참을 부둥켜안았고 리나는 기쁨의 눈물을 흘렸다. 그러고는 진이를 바라보더니 다가와서 안아 주었다. 가까이서 보니 텔레비전에서 보던 바로 그 리나 누나였다.

"네가 큰일을 해냈어, 정말 대단해!"

리나 누나와 인사를 하고 나니 아까 그 여자아이가 먼저 악수를 건넸다. 손이 차가울 줄 알았는데 예상외로 따뜻했다.

"안녕? 난 Y0828의 수장 푸리든의 딸 올리비아야."

"안녕? 난 진이라고 해. 지구에서 왔어."

"자, 그만하고 이제 두 번째 문제를 내겠다. 우리가 지구인을 받아들인다면 아무래도 구역을 정해 주어야겠지. 지도를 보고 구역을 구분하도록. 단, 색깔을 가장 적게 써야 한다."

진이는 리나에게 물어보고 싶은 게 많았지만 테스트부터 통과하는 것이 먼저였다.

동영상 강의

20XX. 11. 29.

1. 그래프 색칠하기

컴퓨터 과학에서는 꼭짓점과 꼭짓점을 잇는 선 모양을 '그래프'라고 한다. 하나의 선으로 연결된 두 꼭짓점을 다른 색으로 칠하는 것을 '그래프 색칠하기'라고 한다. (그래프 색칠하기를 수학에서는 4색 정리라고 한다.) 어떤 문제를 컴퓨터를 이용해 풀 수 있는지, 또 얼마나 효율적으로 풀 수 있는지를 연구할 때 그래프 색칠하기를 기본 원리로 사용할 수 있다. 특히 스도쿠 게임처럼 여러 조건을 만족시키는 게임을 만들 때 그래프 색칠하기 원리를 이용할 수 있다.

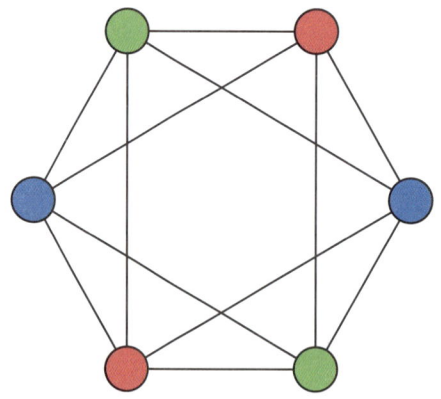

구분된 사각형 영역을 칠하며 그래프 색칠하기를 쉽게 이해해 보자. 다음 사각형은 9개 칸으로 나뉘어 있다. 각 칸을 색으로 구분하려고 한다. 단, 두 가지 조건이 있다. 첫 번째, 서로 이웃한 칸은 다른 색으로 칠해야 한다. 두 번째 최소한의 색을 써야 한다.

가장 쉬운 방법은 각 영역마다 다르게 9가지 색을 쓰는 것이지만 그렇게 하면 조건에 어긋난다. 그러면 어떻게 해야 할까?

① 서로 이웃한 칸은 같은 색을 칠할 수 없다.
② 이웃한 칸이 아니라면 같은 색을 칠할 수 있다.
③ 색을 가장 적게 써서 구분한다.

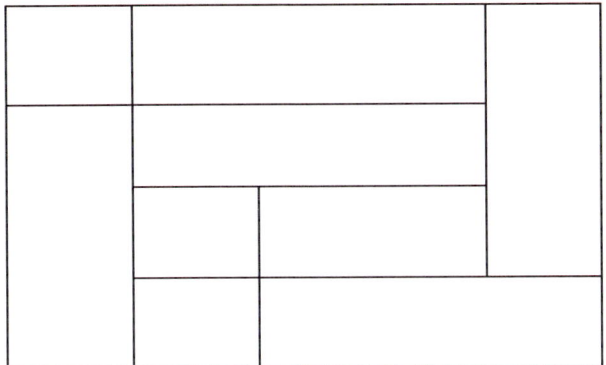

다음과 같이 빨강, 노랑, 초록, 파랑 이렇게 4가지 색으로 모든 칸을 구분해 보았다.

여러 개의 라디오 채널이 주파수가 서로 겹치지 않도록 조정할 때, 가까이 있으면 서로 반응을 일으켜 사고 위험이 있는 화학 약품을 구분할 때, 동물원에서 사이가 좋지 않은 동물끼리 이웃하지 않게 울타리를 나누어야 할 때, 여러 사람의 수업 시간을 고려해 시간표를 짤 때 모두 그래프 색칠하기의 원리를 이용할 수 있다.

이처럼 그래프 색칠하기는 여러 조건을 만족시키면서 효율적으로 문제를 푸는 데 도움이 된다.

◆ 그래프 색칠하기 문제를 해결해 봅시다.

준비물 : 색연필

1. 다음 빈칸을 색으로 구별해 보세요. 단, 색을 최소한으로 써야 하고, 이웃한 칸끼리 같은 색이 맞닿으면 안 됩니다.

① ①번 그림을 칠하기 위해 최소 몇 가지 색을 썼나요?

② ②번 그림을 칠하기 위해 최소 몇 가지 색을 썼나요?

2. A, B, C, D, E 학생이 토요일에 각각 보충 수업 다섯 과목을 신청했어요. 그렇다면 최소 몇 교시가 필요할까요?

A-국어, 영어, 수학
B-영어, 과학
C-국어, 컴퓨터
D-수학, 컴퓨터
E-수학, 과학

	국어	영어	수학	과학	컴퓨터
A	○	○	○		
B		○		○	
C	○				○
D			○		○
E			○	○	

　수업을 가장 많이 듣는 A부터 생각해 보세요. 먼저 국어, 영어, 수학 시간이 겹치지 않도록 배치해요. 그 뒤에는 B부터 한 명씩 차례로 겹쳐도 되는 수업을 생각해야 해요. B가 들어야 하는 수업을 4교시에 넣을지, 아니면 다른 교실로 이동해서 수업을 듣도록 할지 생각해 보세요.

〈잠깐!〉 **4색 정리**

컴퓨터과학 분야에서 말하는 그래프 색칠하기는 수학에서 '4색 정리'라고 합니다. 1852년 영국 수학자 구스리는 4가지 색만으로 영국 지도에서 모든 지역을 구분할 수 있다는 사실을 발견했습니다.
시간이 흘러 각각 25개, 40개 영역까지 색칠하는 것이 가능하다는 주장이 각각 제기되었고, 미국의 아펠과 하켄 교수가 컴퓨터를 이용해 이 사실을 입증했습니다. 약 1,900개나 되는 경우를 분류해 4가지 색만으로 구분할 수 있다는 것을 보여 주었대요. 하지만 일부 수학자들은 이것이 완전히 수학적으로 증명된 것은 아니라고 주장해요. 컴퓨터로 다양한 경우에 대해서 입증한 것이지 모든 경우에 대해 증명한 것은 아니라고 보기 때문이지요. 그래서 4색 정리는 여전히 수학 세계에 풀리지 않은 문제로 남아 있습니다.

더 궁금해!

논리 추론 과정 따라가 보기

논리적 추론으로 풀 수 있는 수수께끼를 논리 수수께끼라고 합니다. 논리 수수께끼를 푸는 것은 논리 규칙을 이해하는 데 아주 좋은 방법입니다. 평소 논리 수수께끼나 논리 퍼즐 게임을 좋아하는 진이는 푸리든이 낸 첫 번째 문제를 쉽게 해결했지요. 진이의 논리 추론 과정을 따라가며 어떻게 풀었는지 살펴봅시다.

"오른쪽 마을이 당신네 마을인가요?"라고 질문했을 때 발생하는 경우는 두 가지예요.

① 오른쪽이 참말 마을일 경우

참말 마을 사람의 대답	자기 마을이므로 "예."	오른쪽으로 가면 된다.
거짓말 마을 사람의 대답	자기 마을이 아니지만 거짓말을 해야 하므로 "예."	오른쪽으로 가면 된다.

② 왼쪽이 참말 마을이었을 경우

참말 마을 사람의 대답	자기 마을이 아니므로 "아니오."	왼쪽으로 가면 된다.
거짓말 마을 사람의 대답	오른쪽 마을이 자기의 마을이 맞지만 거짓말을 해야 하므로 "아니오."	왼쪽으로 가면 된다.

"예."라고 대답하면 무조건 오른쪽이 참말 마을이고, "아니오."라고 하면 왼쪽이 참말 마을이에요.

> 오른쪽 마을이 당신네 마을인가요?

① 오른쪽이 참말 마을인 경우

참말 마을 사람

> 내가 사는 마을이 맞으니까 "예."라고 대답할 거야.

> 나는 오른쪽 참말 마을에 살지 않아. 하지만 난 거짓말을 하는 걸 오른쪽 마을이 내가 사는 마을인 것처럼 "예."라고 대답할 거야.

거짓말 마을 사람

② 왼쪽이 참말 마을인 경우

참말 마을 사람

> 내가 사는 마을이 아니니까 "아니오."라고 대답할 거야.

> 나는 오른쪽 거짓말 마을에 살고 있어. 하지만 난 오른쪽이 우리 마을이 아닌 척 "아니오."라고 거짓말을 할 거야.

거짓말 마을 사람

15

Y0828로 오는 법

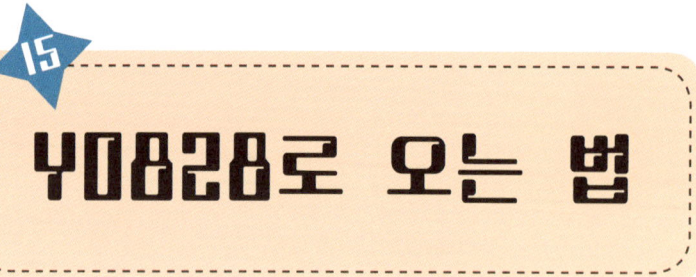

　두 번째 문제를 맞히고 진이는 마을을 잠깐 둘러보기로 했다. 버려진 데이터들이 강물처럼 흐르고 있었다. 저 멀리 자기 몸에서 고장 난 부품을 교체하는 사이보그들이 보였다.

　"너희 사이보그들은 좋겠다. 몸에 문제가 생기면 새 부품으로 바꾸면 되니까 영원히 살 수 있잖아."

　진이가 올리비아에게 말했다.

　"맞아. 사이보그는 죽지 않아. 그래서 '시간'에 의미를 두지 않지."

　"무한한 존재니까 '미래'라는 것이 중요하지 않겠네? 소중한 걸 지키고 싶은 마음은 알려나?"

　"비밀 하나 말해 줄까? 사실 난 사이보그가 아니야. 난 너처럼 지구에서 온 인간이야."

 올리비아는 진이의 귀에 대고 속삭였다. 그때 저 멀리서 리나 누나의 목소리가 들렸다.
 "진이야, 이리 와 봐."
 진이는 올리비아에게 물어보고 싶은 게 무척 많았지만, 리나 누나에게 곧장 달려갔다. 리나 누나는 차분히 지금까지 겪은 일을 말해 주었다.
 "…… 양 박사님은 누구나 쉽게 조종할 수 있는 우주선과 우주여행을 도와줄 로봇인 애디와 로디도 만들었어. 그리고 애디를 최종 업그레이드 시켰고 모든 준비를 마쳤지."
 "네, 로디에게 들었어요."
 "그랬구나. 양 박사님과 나는 각 나라 대표들에게 메일을 보냈어. 양 박사님과 내가 우주선을 타고 Y0828로 먼저 가서 사람들이 Y0828로 올 수 있는 가장 안전한 길을 찾아서 전송하겠다고. 그들은 Y0828에 도착하면 꼭 통신하라면서 성공을 빌어 주었어. 무사히 도착은 했는데 예상하지 못한 상황이 온 거야."

"지구와 통신이 어려웠나요?"

"아니, 우린 Y0828의 우두머리 푸리든의 세 번째 질문에 완벽한 답을 하지 못했어. 그래서 지구와의 통신을 허락받을 수 없었지. 그러던 중 어느 날 베타 버전으로 만든, 아직 완벽하지 않은 로디를 네가 켠 거야. 통신으로 내 음성을 지구에 보낼 수는 없었기에 저들 몰래 이진수와 그림으로 메시지를 보낸 거야. 그리고 결국 너와 로디가 이렇게 잘 찾아온 거고."

"그나저나 양 박사님은 어디 계세요?"

"양 박사님은 푸리든에게 포로로 잡혀 있어. 저들 몰래 지구에 메시지를 보내려다 들키는 바람에……."

"제가 세 번째 질문을 통과하면 양 박사님도 풀어 주겠죠?"

"그래, 나도 어서 양 박사님을 만나고 싶어. 이제 모든 게 너한테 달렸다."

그때 Y0828의 수장 푸리든이 나타났다. 지구인보다 키가 훨씬 컸고 몸은 기계로 둘러싸여 있었다.

"우리 Y0828인들은 로봇과 인간이 결합된 사이보그로, 합리적이고 이성적이며 지구인보다 훨씬 똑똑하고 평화를 사랑해. 언제나 개인의 이익보다 행성 전체의 공익을 생각하며, 다들 맡은 바 임무를 성실히 수행하지. 지구보다 기계 문명이 훨씬 발달한 곳이야. 우리가 분석한

 결과, 지구인들은 이기적이고 탐욕스럽고 어리석은 존재더군. 그들이 우주의 푸른 보석 지구를 황폐하게 만든 주범이라고 알고 있네."

 푸리든은 진이의 눈을 보며 말을 계속 이어 나갔다.

 "우리가 왜 인간과 함께 살아야 하지? 이것이 나의 세 번째 질문이다. 너의 대답을 듣고 설득이 되면 지구인들을 받아 주겠다."

 "지구에는 70억 명이 넘게 살고 있어요. 당신들이 받아 주지 않으면 지구인은 모두 죽어요."

 "인간 멸망과 생존은 우리와 아무 상관없는 일이지. 하지만 네 대답을 듣고 생각해 보겠다."

 푸리든은 아무런 표정의 변화가 없었다.

진이는 지구에서 가족, 친구들과 함께 보냈던 순간들을 떠올리며 깊은 생각에 잠겼다. 그때 올리비아가 가만히 진이의 손을 잡았다. 그때 올리비아가 해 준 이야기가 떠올랐다.

"푸리든, 올리비아의 진짜 아버지는 지구에서 가장 유명한 천재 우주 과학자였다죠? 올리비아가 빨리 늙는 병에 걸려서, 함께 오래 살 방법을 연구하다 오 년 전에 Y0828을 발견했고, 인간의 유전자에 기계를 결합해 당신들, 사이보그를 만들었죠? 당신들은 올리비아를 보호하고 돌보기 위해 만들어진 존재란 걸 알아요. 올리비아에겐 어울려 살 친구도, 엄마 같은 존재도, 포근히 감싸줄 어른들도 필요하다고요. 지구인인 올리비아가 행복하기 위해서는 결국 사이보그가 아니라 지구인들이 필요해요."

진이는 계속해서 말을 이어 나갔다.

"인간이 이기적일 때도 있지만 올바른 문화와 질서를 세우면 함께 살 수 있어요. 이성적이고 합리적인 당신들에게 우리 인간들의 따뜻한 마음과 감성이 합쳐지면 훌륭한 문명을 이루어 낼 수 있을 거예요. 인간과 기계를 합한 사이보그가 지향해야 할 점은 기계보다는 이상적인 인간이겠죠? 그럼 우리 인간들과 함께 살아봐요. 분명 사이보그들에게도 새로운 영감이나 교훈을 줄 수 있을지도 몰라요."

푸리든은 말없이 고개를 끄덕였다.

리나의 수첩

동영상 강의

20XX. 12. 5.

1. 세 점을 연결하는 점

아래 그림에서 파란 동그라미는 행성이다. 이들 세 행성을 연결하는 길을 만들려고 한다. 길을 가장 짧게 연결하려면 어떻게 해야 할까? 그림 ❶처럼 각각의 점들을 연결할 수도 있다. 만약 두 점의 거리가 2라고 할 때, 삼각형 모양으로 세 점을 잇는 거리는 6이 된다.

하지만 이것이 가장 짧은 길일까? 더 고민해 보자. 그림 ❶은 길이 세 개이므로 그림 ❷로 길을 두 개로 줄이면 거리가 더 짧아질 것이다. 그림 ❸처럼 가운데에 '가상의 점'을 만들고 연결한다면 더 짧은 길을 만들 수 있을 것이다.

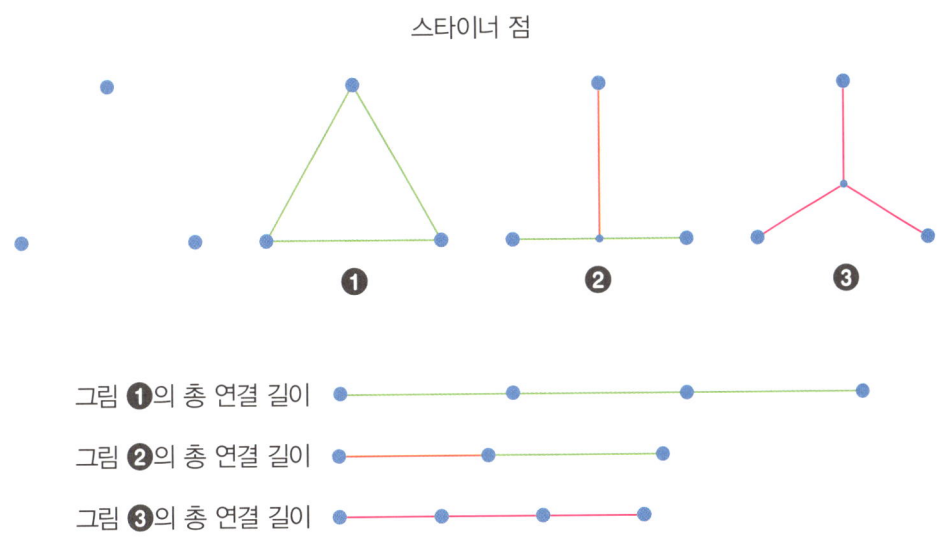

2. 스타이너 점과 스타이너 트리

이렇게 행성을 연결하는 길을 만들 때, 가상의 점을 만들면 전체 길이를 줄일 수 있다.

스위스의 수학자 스타이너는 정삼각형 세 변의 대각을 120도로 하는 중점을 기하학적으로 증명했는데, 이 때 중점을 '스타이너 점'이라고 한다.

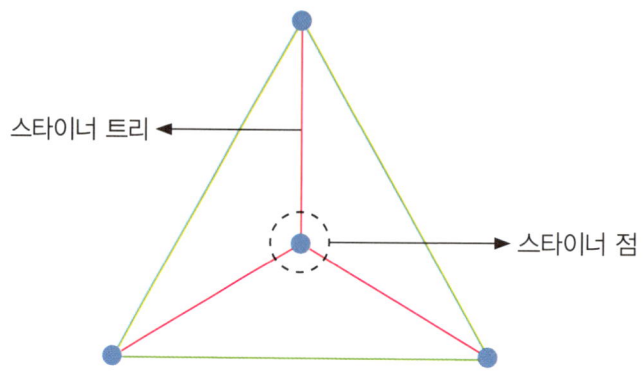

최단 경로를 연결해야 할 점이 더 늘어나면, 스타이너 점은 여러 개가 될 수 있다. 스타이너 점을 이용하여 전체 길이를 가장 짧게 이으면 나뭇잎 또는 잎맥 모양의 연결망(네트워크)이 생기는데 이를 '스타이너 트리'라고 한다.

이동 거리를 줄이면서 여행 계획을 세울 때, 여러 도시를 잇는 다리를 지을 때, 여러 집들 사이에 전화 통신 회선을 만들 때 스타이너 점을 이용하면 효율적이다. 다만 연결할 점이 많을수록 스타이너 점을 놓는 곳을 결정하는 것이 꽤 어려울 수 있다.

양 박사님의 미션

◆ 스타이너 트리를 이용해 행성 연결망을 만들어 봅시다.
준비물: 자, 연필, 지우개

Y0828과 지구를 이어 주는 행성으로 구름행성과 나무행성이 있습니다. 이 4개 행성을 가장 짧은 거리로 연결할 수 있게 스타이너 점들을 만들어 주세요. 단, 자를 대고 두 행성을 이을 때에는 행성의 중심점을 기준으로 합니다.

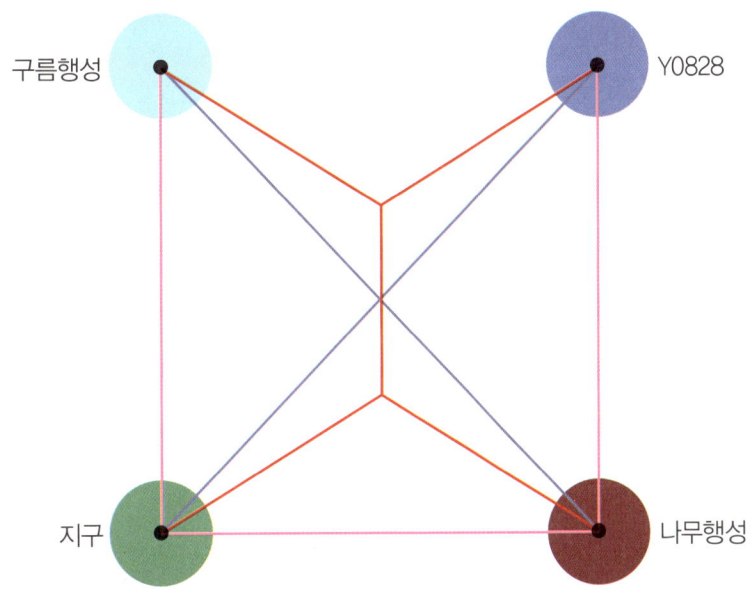

1. 위와 같이 스타이너 점이 0개, 1개, 2개일 때 네 개 행성을 잇는 각각의 길을 자로 재 봅시다.

4개 행성을 잇는 방법	⊔	✕	⋊⋉
스타이너 점 개수	0개	1개	2개
총 길이			

더 궁금해!

자연은 이미 스타이너 트리를 알고 있어!

스타이너 점을 쉽게 확인할 수 있는 실험이 있습니다. 아래 사진처럼 철사를 이용해 정사면체나 정육면체 형태의 구조물을 만듭니다. 그 다음 물통에 비눗물이나 주방세제를 풀어 줍니다. 이때 생긴 비누 거품을 걷어 내어 줍니다. (그래야 스타이너 점이 뚜렷하게 보여요.) 그 다음 구조물을 물통에 담갔다가 천천히 빼면 거품막이 생깁니다.

자세히 관찰해 보면 거품막이 움직이다가 스타이너 점이 만들어집니다. 스타이너 점은 거품막이 터질 때까지 그 형태가 유지됩니다. 비누 거품이 저절로 가장 안정적인 스타이너 트리 형태를 만드는 것을 볼 수 있지요.

이처럼 자연은 스스로 가장 효율적인 방법으로 문제를 해결하려고 합니다. 참 신기하지요? 어렵게만 느껴지는 스타이너 점 찾기를 자연은 이미 알고 있었네요. 그래서 수학자들은 비눗방울을 통해 최소한의 넓이와 거리를 만들어 내는 원리들을 알아내기 위해 연구한답니다. 우리가 늘 자연 현상에 주의를 기울이고 왜 그런지 관찰하는 습관을 들인다면 컴퓨터 세계에서도 문제를 해결해 나가는 데 큰 도움이 되겠지요?

스타이너 점 실험

정답 및 부록

정답 모음

22쪽 > 양 박사님의 미션

1. 가장 큰 수 = 31

   가장 작은 수 = 0

2. 0부터 31까지 총 32개 숫자를 표현할 수 있습니다.

4. $11010_{(2)}$ = ○○●○● = 26

   = $(1×16)+(1×8)+(0×4)+(1×2)+(0×1)$
   = $16+8+0+2+0=26$

31쪽 > 양 박사님 미션

1. G   = $111_{(2)}$
   E   = $101_{(2)}$
   N   = $1110_{(2)}$
   I   = $1001_{(2)}$
   E   = $101_{(2)}$

41~42쪽 > 양 박사님의 미션

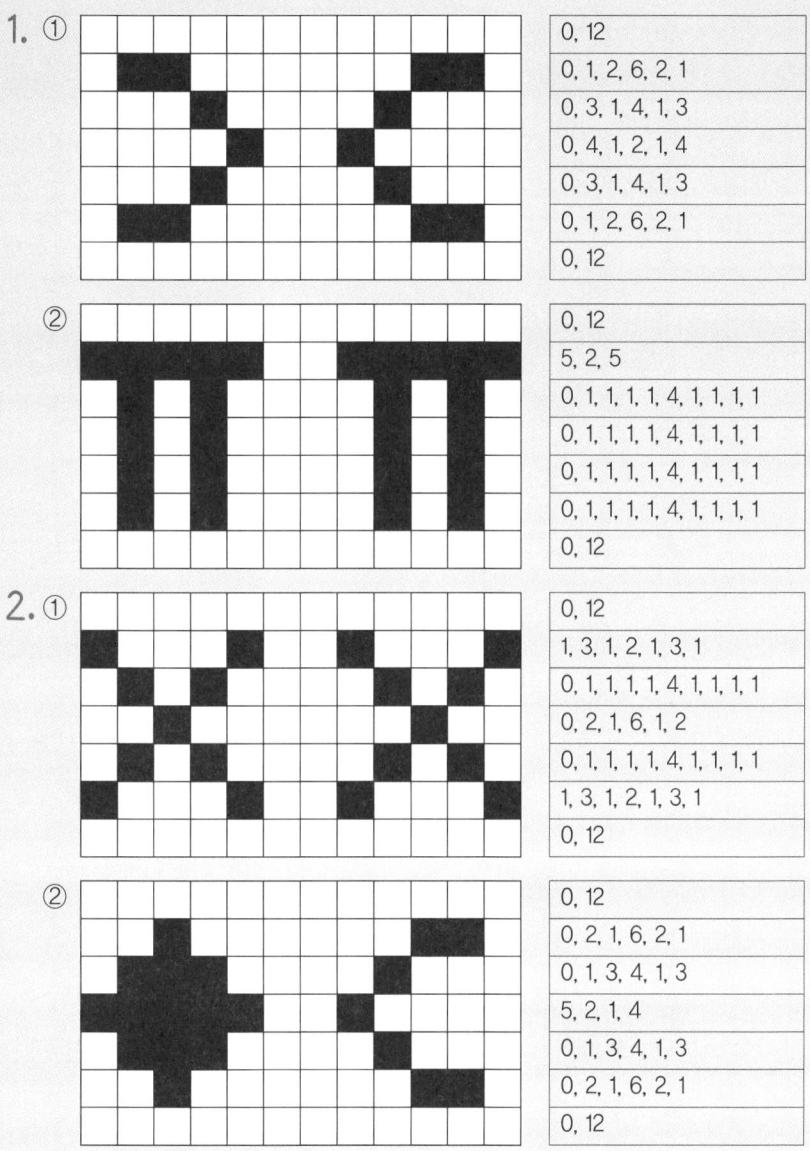

51쪽 > 양 박사님의 미션

1. (1 AND 1) × 4 = 1 × 4 = 4
   (0 AND 0) + (1 OR 0) = 0 + 1 = 1
   (1 AND 1) + (1 OR 1) = 1 + 1 = 2
   0 OR 0 = 0

64~65쪽 > 양 박사님의 미션

1. 우리는 지구인이야.
(우리는) 푸른 별을 떠나 Y0828로 가고 싶어.
(푸른 별을 떠나) (Y0828)로 가는 방법을 알려 줘.
(Y0828)이 (지구인)에게 새로운 보금자리가 될 거야.
(새로운 보금자리) (로 가는 방법을 알려 줘)

2. 빈칸에 들어가는 색은 서로 다른 색이면 됩니다.

74쪽 > 양 박사님의 미션

1. 3색, 6색, 12색으로 표현할 수 있습니다.
컴퓨터 모니터에서는 RGB(Red, Green, Blue)를 기본으로 하여 전체 색상환을 표현합니다. 빨강, 초록, 파랑을 기준으로 하여 3색, 6색, 12색 등으로 압축할 수 있습니다. 이미지를 압축하는 정도에 따라 답은 다양합니다.

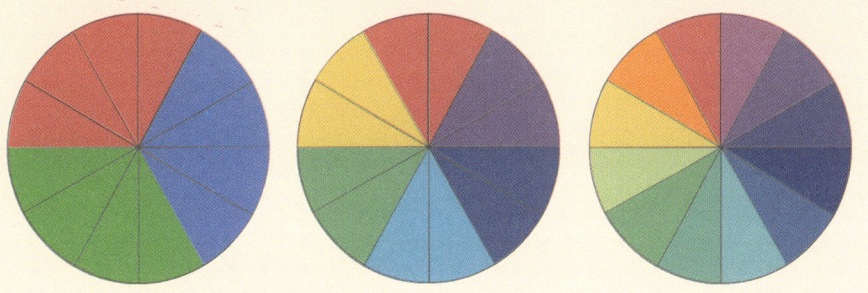

86~87쪽 > 양 박사님의 미션

1. 첫 번째 명령

우주선 조종 모니터				
명령어1	명령어2	명령어3	명령어4	명령어5
→	↱	→	→	↰

두 번째 명령

우주선 조종 모니터				
명령어1	명령어2	명령어3	명령어4	명령어5
→	↱	→	→	↰

세 번째 명령

우주선 조종 모니터				
명령어1	명령어2	명령어3	명령어4	명령어5
→	↱	→	→	↰

네 번째 명령

우주선 조종 모니터				
명령어1	명령어2	명령어3	명령어4	명령어5
→	→	↰	→	→

다섯 번째 명령

우주선 조종 모니터				
명령어1	명령어2	명령어3	명령어4	명령어5
↱	→	→	↴	→

우주선 조정 모니터에 모두 5번 명령해야 도착할 수 있습니다.

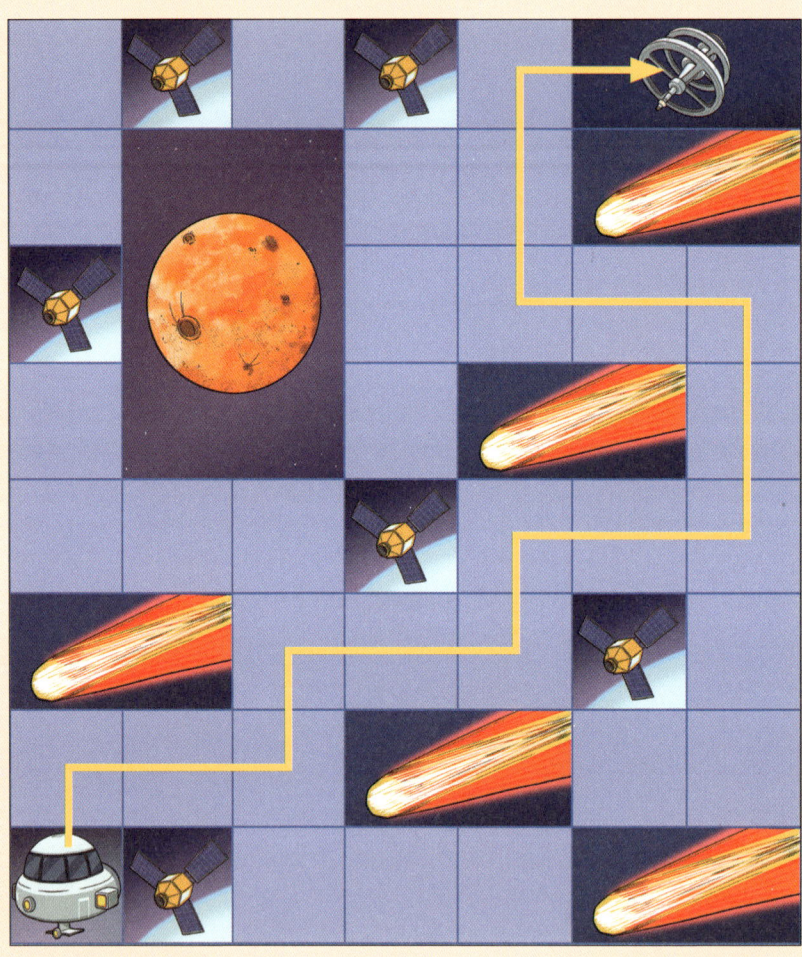

96~97쪽 > 양 박사님의 미션

4. 운이 좋아서 바로 맞히는 경우를 빼고는, 확률적으로 두 번째 해싱 검색이 더 빠릅니다. 선형 검색은 모든 행성을 다 확인해야 하지만, 해싱 검색은 반지름 숫자를 기준으로 몇 번째 칸에 있는지 알 수 있으므로, 원하는 행성을 더 빠르게 찾을 수 있기 때문입니다. 특히, 해싱 검색에서는 찾는 행성이 속한 줄에 있는 행성 개수에 따라 정답을 맞힐 확률이 달라집니다. 예를 들어, A의 해싱 검색 분류표에서 0번, 3번, 9번 줄에 속한 행성은 2개뿐이므로, 2번 안에 원하는 행성을 찾을 수 있습니다.

108~110쪽 > 양 박사님의 미션

1. ① 추천 미사일: 512kg ② 추천 미사일: 73kg
   검색 횟수: 4번   검색 횟수: 3번

2. 미사일이 어디에 있든지, 찾으려하는 미사일 번호가 몇 번이든, 미사일 개수가 30개이면 최대 5번 만에 모두 찾을 수 있습니다.

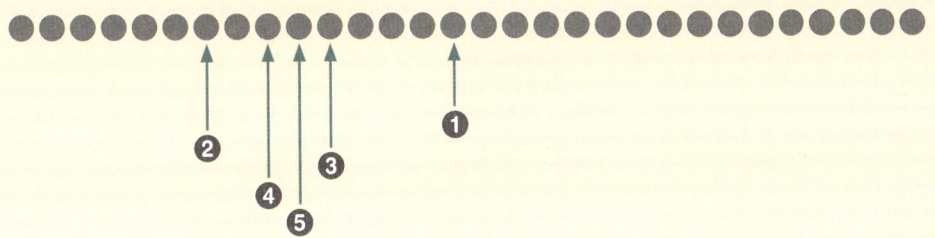

129~130쪽 > 양 박사님의 미션

1. 모두 12번 비교해야 6개의 웜홀을 정렬할 수 있습니다.

2. 숫자 6개를 2개씩 비교하므로, 3명이 가장 효율적입니다.

140~141쪽 > 양 박사님의 미션

1.

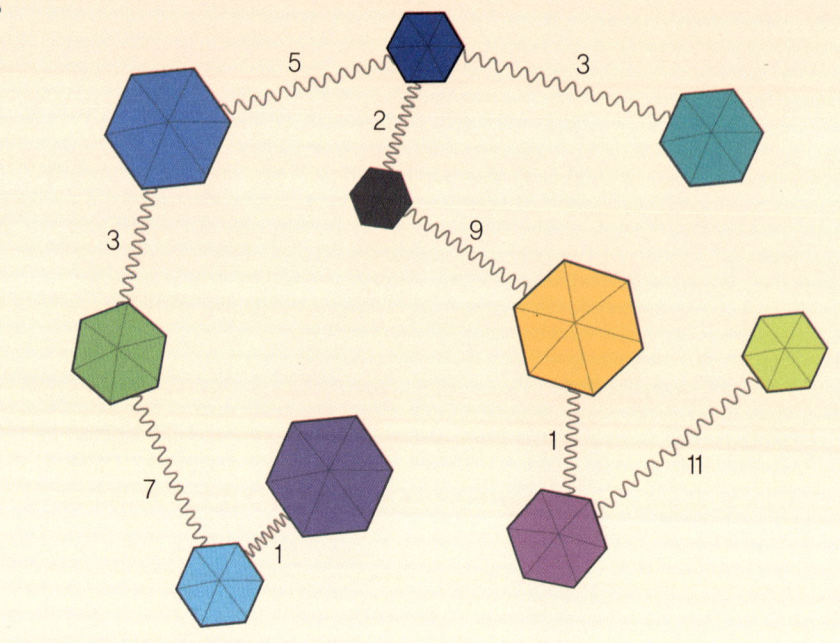

2.

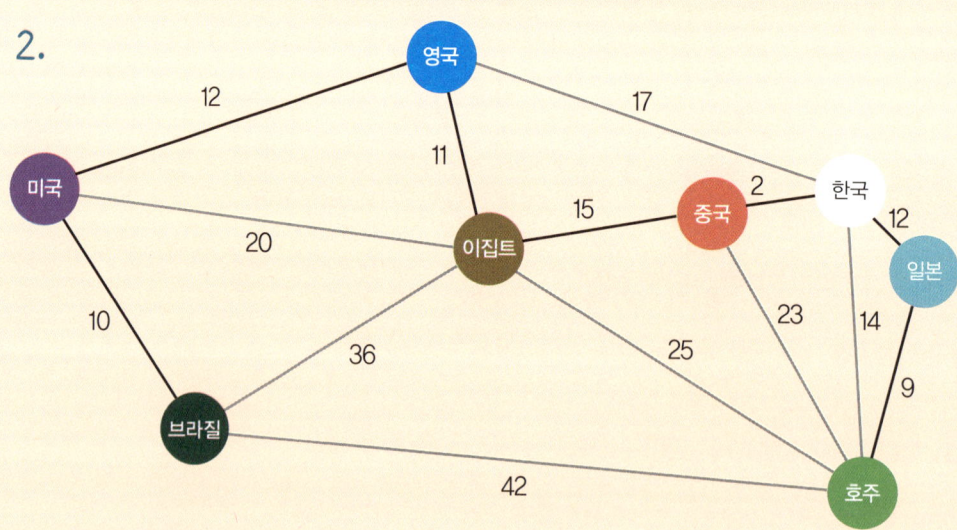

151쪽 > 양 박사님의 미션

1. 하나행성 → 나래행성 → 장미행성 → 가람행성 → Y0828

2. 최단 경로를 찾기 위해서는 아래와 같이 가능한 모든 경우의 수를 그려 보아야 합니다. 이렇게 하면, 실수하지 않고 최단 경로를 찾아낼 수 있습니다.

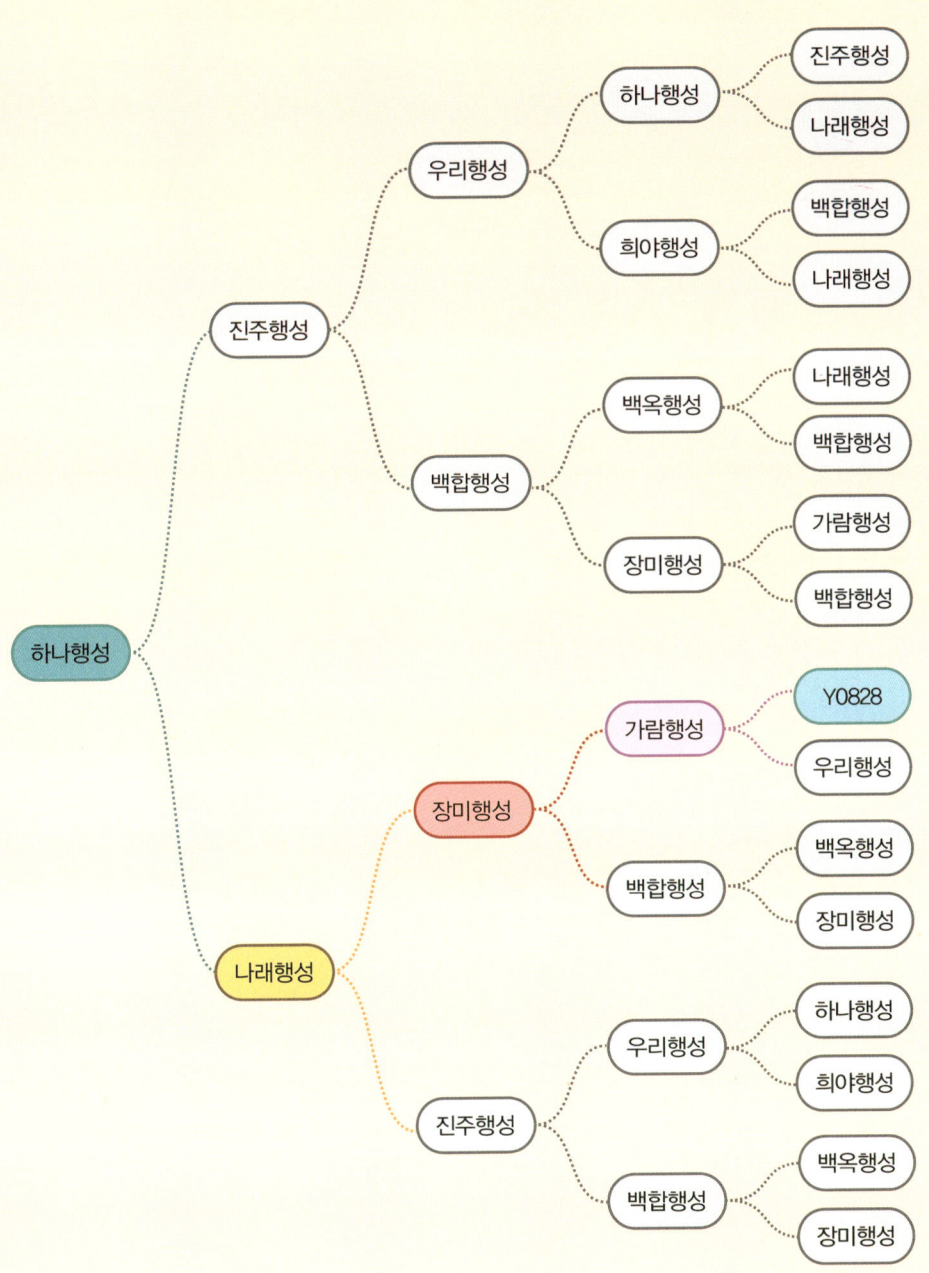

162~163쪽 > 양 박사님의 미션

1. 3가지

2. 3가지

3.

	교실 1	교실 2
1교시	국어	과학
2교시	영어	컴퓨터
3교시	수학	

최소 3교시가 필요합니다.

173쪽 > 양 박사님의 미션

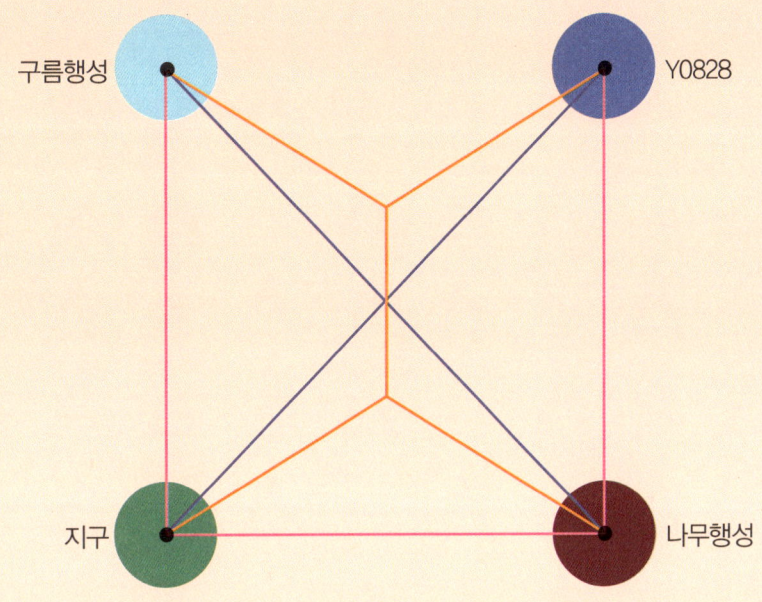

4개 행성을 잇는 방법	6cm 6cm 6cm	약 8.5cm	약 3.5cm 약 2.5cm 약 3.5cm
스타이너 점 개수	0개	1개	2개
총 길이	18cm	약 17cm	약 16.5cm

부록 모음

22쪽 > 양 박사님의 미션

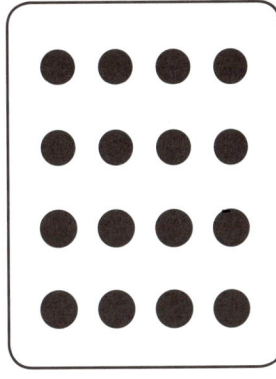
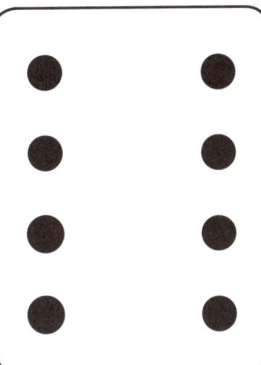
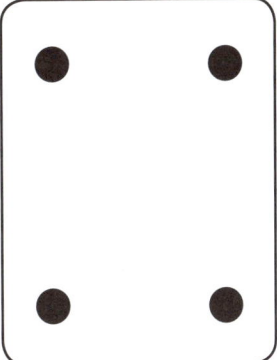
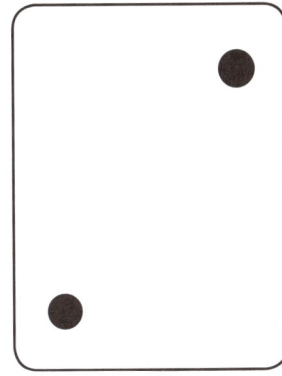

51쪽 > 양 박사님의 미션

| OR | OR | OR |

| AND | AND | AND |

| ? | ? |

〈연산 결과 값 카드〉

| 0 | 1 |

87쪽 > 양 박사님의 미션

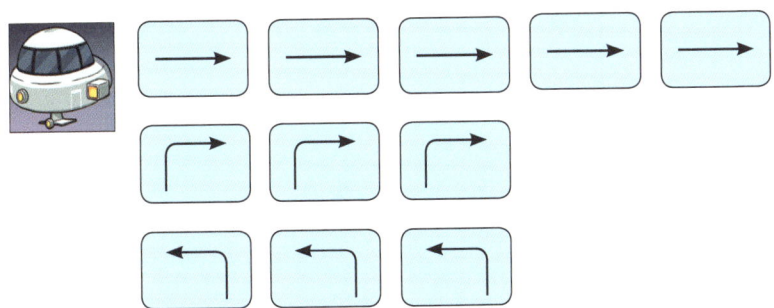

96~97쪽 > 양 박사님의 미션

<선형 검색 게임> 질문지 A

- 원하는 행성을 선택하고, 행성 반지름 숫자만 친구에게 알려 주세요.

- 친구가 선택한 행성 반지름 숫자를 듣고, 행성 이름을 맞혀 보세요.

친구가 선택한 행성 반지름 크기 _____   내가 질문한 횟수 _____

<선형 검색 게임> 질문지 B

• 원하는 행성을 선택하고, 행성 반지름 숫자만 친구에게 알려 주세요.

• 친구가 선택한 행성 반지름 숫자를 듣고, 행성 이름을 맞혀 보세요.

친구가 선택한 행성 반지름 크기 _____   내가 질문한 횟수 _____

<해싱 검색 게임> 질문지 A

- 원하는 행성을 선택하고, 행성 반지름 숫자만 친구에게 알려 주세요.

0	1	2	3	4	5	6	7	8	9
3917 팬지행성		7843 가람행성	788 초롱행성			3977 샛별행성	4021 한빛행성		298 백합행성
2873 하나행성		5520 장미행성	4603 진주행성			5326 해미행성	1105 희야행성		207 나래행성
		8022 수정행성	4612 목련행성			6640 백옥행성			
						2284 우리행성			

- 친구가 선택한 행성 반지름 숫자를 듣고, 행성 이름을 맞혀 보세요.

친구가 선택한 행성 반지름 크기 _____   내가 질문한 횟수 _____

0	1	2	3	4	5	6	7	8	9
	마루행성	칸나행성		세리행성	아토행성	나리행성		새길행성	
	리라행성	아란행성		바오행성	가은행성	주리행성		누리행성	
	티나행성				미르행성			싱아행성	
	으뜸행성								

<해싱 검색 게임> 질문지 B

- 원하는 행성을 선택하고, 행성 반지름 숫자만 친구에게 알려 주세요.

0	1	2	3	4	5	6	7	8	9
	2054 마루행성	3504 칸나행성		8321 세리행성	8025 아토행성	853 나리행성		3708 새길행성	
	5231 리라행성	9904 아란행성		644 바오행성	7017 가은행성	2509 주리행성		7128 누리행성	
	6807 티나행성				5523 미르행성			9522 싱아행성	
	4052 으뜸행성								

- 친구가 선택한 행성 반지름 숫자를 듣고, 행성 이름을 맞혀 보세요.

친구가 선택한 행성 반지름 크기 _____   내가 질문한 횟수 _____

0	1	2	3	4	5	6	7	8	9
팬지행성		가람행성	초롱행성			샛별행성	한빛행성		백합행성
하나행성		장미행성	진주행성			해미행성	희야행성		나래행성
		수정행성	목련행성			백옥행성			
						우리행성			

108~109쪽 > 양 박사님의 미션 | 미사일 카드

120~121쪽 > 양 박사님의 미션 | 메모리 카드

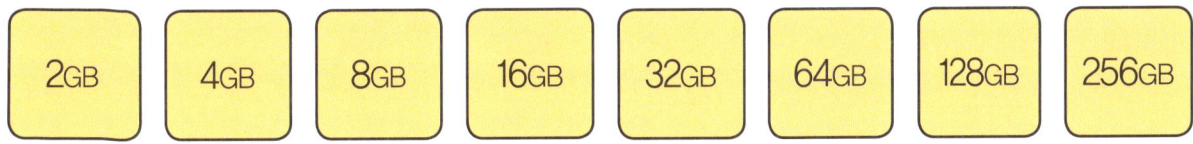